LA FÓRMULA DEL ÉXITO

URI SABAT

LA FÓRMULA DEL ÉXITO

Claves para una mente clara, un cuerpo en forma y una vida emocional plena

Planeta

Título original: *La fórmula del éxito*

Av. Diagonal, 662-664, 08034 Barcelona (España)
www.editorialplaneta.es
www.planetadelibros.com

Primera edición: abril de 2026
Depósito legal: B. 24.661-2026
ISBN: 978-84-08-31807-1
Composición: David Pablo
Impresión y encuadernación: Rotativas de Estella, S. L.
Printed in Spain - Impreso en España

PEFC Certificado
Este libro procede de bosques gestionados de forma sostenible
PEFC
PEFC/14-38-00305 www.pefc.es

Índice

A todos los que habéis formado parte de esto.
Gracias.

Introducción

Mi (tu) fórmula del éxito

Una vez vi a un hombre cerrar los ojos en medio de un atasco. No estaba durmiendo agarrado al volante, no estaba escuchando una canción en la radio, no se había muerto esperando a que el tráfico se disipara. En ese preciso instante, solamente estaba haciendo lo más importante de su día: RESPIRAR.

La imagen era muy poderosa. Todo a su alrededor era caos: bocinas, gente gritándole al teléfono de buena mañana, niños llorando porque tenían que ir al colegio... Pero él, no. Él estaba en su burbuja, estaba dentro de sí mismo. En ese momento pensé: eso es el éxito. No se estaba dejando llevar por el frenesí de una gran ciudad en hora punta. No estaba preocupado por lo que iba a suceder, ni por lo que acababa de pasar, estaba en calma en mitad del caos.

No le importaba el coche, ni la compañía, ni nada que no fuese él mismo visualizando algo que aún hoy sigo intrigado por saber qué podía ser.

Sinceramente, ahí entendí algo.

Y ese algo es que nos han engañado a todos y nos siguen engañando cada día con el concepto de éxito. No importa en qué coche estés sentado, porque seguirás en el atasco; no importa con quién vayas sentado al lado, porque seguirás en el atasco; no importa el dinero que tengas en tu cuenta bancaria, porque seguirás en el atasco.

El atasco es la vida, y nada que te haga avanzar y sentirte en calma en la vida se puede comprar con dinero: ni la tranquilidad, ni la salud, ni el amor verdadero. Todo eso te lo tienes que ganar.

La frase «una mente en calma, un cuerpo en forma y una casa llena de amor»,[1] del emprendedor estadounidense Naval Ravikant, es uno de los mantras que guían mi vida. Esta, para mí, es la fórmula del éxito. Y es jodida porque nada de eso se consigue rápido. El éxito no hace ruido.

La fórmula del éxito es diferente para cada uno y no se encuentra en el resultado, sino que reside en el proceso.

1. Jorgenson, E. (2020). *The Almanack of Naval Ravikant: A Guide to Wealth and Happiness*. Magrathea Publishing.

Cuando logras aplicar esa idea, transformas tu realidad. ¿Y cómo puedes hacerlo? Enfocándote en una nueva versión de los tres pilares más importantes de la vida: salud, dinero y amor. Para mí son salud física, habilidades sociales y mente. Este libro se estructura a partir de cada uno de ellos, ofreciéndote los aprendizajes de grandes expertos. Imagínate que estás sentado delante de una pitonisa, pero con recursos reales para cambiar tu día a día. Pues esto es algo que me ha sucedido a mí.

La idea de mejorar los tres pilares de mi vida nació de la necesidad, de un momento en el que no había otra salida. La apuesta que hice fue total. Mis proyectos más importantes han sido aquellos a los que he dedicado toda mi atención, todo mi saber y esfuerzo. No se puede levantar algo que cambie tu vida si el propio proceso de construirlo no te la cambia ya. Creé un programa de radio de éxito porque fue algo a lo que dediqué toda mi atención, cambié mi físico en cuatro meses y corrí varias maratones porque les dediqué toda mi atención con disciplina y compromiso. También mantengo unas relaciones sanas con mi familia y mis amigos porque me esfuerzo en mejorarlas cada día. No hay atajos, pero es cierto que las circunstancias cambian y eso también influye.

Por ejemplo, el éxito cambia con la edad. Es increíble ver cómo macera como el vino, ¿verdad? El éxito también es relativo, ya que siempre funciona por comparación. Aunque ya te adelanto que, si lo vives de una manera sana, la comparación siempre será contigo mismo. Cuando eras un bebé el éxito podía ser levantarse y dar el primer paso. Cuando tengas noventa años puede que el éxito vuelva a ser el mismo porque estés postrado en una cama. Entre medias, el éxito irá cambiando. Mi intención con este libro es que tengas las cosas claras para saber cómo actuar durante este entreacto llamado *vida*.

Me presento por si no me conoces. Soy Uri Sabat, periodista, padre y preguntador profesional. Siempre he dicho que pregunto mejor que explico y eso es importante para el proyecto que tengo entre manos. Porque puede que te preguntes qué me ha motivado a llegar hasta aquí.

A lo largo de mi vida, he presentado varios espacios de éxito en las principales radios españolas, he trabajado en la televisión en programas de máxima audiencia con millones de espectadores, he ganado un premio Ondas a la innovación radiofónica, he fundado varias empresas de comunicación y vendido mis participaciones después de crear una de las primeras agencias dedicadas al *marketing* de contenidos. ¿Qué más? He trabajado con marcas como Red

Bull, Coca-Cola, Smart o McDonald's creando contenidos *online* y acercando las marcas al cliente final, y ahora estoy creando mi propia empresa de medios informativos porque durante toda mi vida he trabajado en comunicación, *marketing* y producción de contenido. Como verás, ha habido muchas transformaciones, pero el aprendizaje todavía iba a ser más brutal.

Durante los dos últimos años he podido sentarme con grandes expertos, líderes mundiales en su ámbito, y charlar con ellos sobre su camino en busca del éxito. He podido ejercer de preguntador profesional ante neurocirujanos, deportistas, cocineros, empresarios, psicólogos y visionarios... Tengo más de cuatrocientas horas de contenido que podrían cambiar la historia del éxito y cómo la vemos, y lo he publicado todo en mi pódcast *La fórmula del éxito*. Quiero decirte que, barriendo para casa, el pódcast ha llegado al número 1 en plataformas como Apple Podcast y Spotify, y ha acumulado más de un millón de suscriptores en YouTube. Su audiencia es planetaria, no solo en España sino también en América, y esto me ha dado la posibilidad de sentarme a una mesa con personas extraordinarias y, en algunos casos, a las que resulta difícil acceder. En esencia, yo me dedico a hacerles preguntas, grabarlo y subirlo a internet. Pero no puedo dejar de estar agradecido por el tiempo que han compartido conmigo y con mi audiencia; y por todo lo que esto me ha aportado.

He entendido que hay verdades universales que podemos implementar en nuestro día a día para conseguir que se materialice lo que tenemos en nuestra cabeza. El pódcast me ha enseñado leyes destinadas a alcanzar objetivos con éxito y me ha ayudado a transformar todas las facetas de mi vida hasta llegar a un punto óptimo.

Ahora bien, el camino hasta aquí no ha sido lineal, ni tampoco sencillo.

Sí, ha habido unos cuantos obstáculos.

Empecé mi andadura profesional en la radio por amor, trabajando en los medios durante veinte años hasta que un día todo terminó. Estaba en un programa, y yo siempre quiero pensar que lo dejé con dignidad, pero la realidad es que me echaron. Aún me cuesta escribir sobre ello, pero es lo que realmente sucedió. Yo no entendía nada. Mi desempeño en cuanto a audiencia era bueno, el programa funcionaba y yo disfrutaba. Quería seguir bailando, pero me apagaron la música. En ese momento sufrí un *shock* de realidad. Me di cuenta de que lo que yo creía mío no lo era. Cuando dedicas tantas horas a un proyecto lo sientes como algo propio, pero es una ilusión que crea nuestro cerebro para no entrar en pánico y pensar que estamos desperdiciando nuestra vida en algo ajeno. La implicación funciona como salvavidas para darle sentido a lo que haces, sea cual sea el trabajo que tengas. Yo estaba implicado como el que más, pero recuerdo como si fuera ayer la sensación que tuve durante las semanas previas: ya se mascaba en el ambiente que algo estaba a punto de suceder, pero siempre te aferras a lo positivo.

Entré en el despacho del directivo de turno y él, con pesar también en los ojos, me comunicó que se había terminado. Siempre he entendido la complejidad de este tipo de momentos difíciles, como el de tener que despedir a alguien o tener que separarte de una pareja. Creo que si tienes un mínimo de empatía siempre cuesta, lo mires por donde lo mires. Pero, en fin, ahí estaba yo. Sin trabajo después de veinte años seguidos encadenando proyectos de éxito. A pesar del impacto de la noticia, mi miedo al vacío se disipaba por el optimismo de pensar «Saldré por la puerta y me van a llamar, seguro. Me van a llover las ofertas porque ahora soy libre y voy a poder implicarme en otras cosas». Estaba convencido. Pero ¿sabes qué sucedió? Efectivamente, nadie llamó.

Que nadie te llame te pone en tu sitio. Instantáneamente. Y te enseña algo maravilloso: **todos somos prescindibles**. Y esto nos uniformiza ante nuestros éxitos o nuestros fracasos. Porque no son eternos y en algún momento cambiará la dirección. No estarás toda la vida ganando ni estarás toda la vida perdiendo. Entonces aprendí a perder, a pensar que podía ser valioso para muchas cosas, pero con un nuevo inconveniente: nadie me estaba ofreciendo una silla donde sentarme. Y entonces el tiempo se unió al cóctel, a lo que sentía y a mis circunstancias, y otro actor entró en escena: la ansiedad. ¿Te suena?

Podría explayarme mucho más explicándote lo que viví entonces, pero prefiero dejarlo aquí e ir desgranándolo poco a poco a lo largo del libro. La clave de todo esto es que decidí gobernar yo mi propio proyecto. Poder hacer lo que quería y llevarlo a mi terreno. Era un salto al vacío, pero tenía que hacerlo. Para sacarlo adelante invertí dinero, esfuerzo y la capacidad de contactos y producción que había adquirido durante mis años en la radio. No fue fácil. Pero fue divertido y enriquecedor, y me ha llevado hasta aquí: a presentarme ante ti con un libro que espero que te cambie la vida como a mí me la ha cambiado el pódcast.

Respira, siéntete como ese hombre que vi en un atasco, ajeno a todo, alejándose del ruido, concentrado en sí mismo. En estas páginas, buscaremos calmar tu mente, revitalizar tu cuerpo y mejorar la relación que tienes contigo y con los demás.

Y encontraremos tu fórmula del éxito.

Bienvenido.

Introducción a los tres pilares de tu vida

Pon el foco en ti, no en los demás

La mesa donde comes o la taza de tu desayuno se han creado dos veces: primero en la cabeza del diseñador y luego en la realidad. Antes de que algo sea real tienes que crear esa imagen en tu cabeza. Y no hay nada más poderoso. En Los Ángeles pude sentarme con uno de los hombres más ricos del planeta, un hombre que me habló de sus islas privadas, de su afán por llegar al espacio y de su pasión por la música. A ese hombre, que tiene más de setenta años, le pregunté:

—Si hoy usted pudiese ser el primer hombre en llegar a Marte, que le recordasen como el primer humano en colonizar otro planeta y ser homenajeado pasando a la historia de la humanidad, o, en cambio, pudiese volver a tener treinta años mañana, ¿qué elegiría?

Tras escuchar mi pregunta, me cogió del brazo, me miró a los ojos con una mirada sincera y cristalina, y respondió sin dudar:

—Hijo, yo no te conozco, no sé de dónde vienes, no sé si tienes deudas o has estado en la cárcel... Es más, no sé si tienes treinta o cuarenta años, pero yo mañana te daba todo lo que tengo y me cambiaba por ti.

Ese hombre es sir Richard Branson, fundador de Virgin, empresario, filántropo y uno de los emprendedores más icónicos de la historia.

De su respuesta, saqué esta premisa: lo más valioso que tienes en tus manos es el tiempo. No hay nada igual. Pero también supe que la vida no consiste en ganar más tiempo que los demás, sino en aprender a vivir el que nos queda. Cuando Branson me dijo que se cambiaría por mis treinta años, comprendí que la riqueza no es dinero: es tiempo acompañado de salud, enfoque y amor.

Colonizar Marte es una fantasía preciosa, pero colonizar tu propia vida es la misión real.

Empezar por algo que no brilla tanto en las redes sociales puede formar parte de esa misión personal tan enfocada hacia la salud: acostarte a tu hora, decirle «No» a lo que te resta, decirte «Sí» a ti mismo.

Cuando hablé con el teólogo y sacerdote Pablo d'Ors,

me dio uno de los mejores consejos para empezar a construir una salud de hierro y, por raro que te parezca, no apela directamente al cuerpo. Debemos ser conscientes de que nuestra salud empieza en nuestra mente. «Pon el foco en ti», me dijo. Este consejo, que apela a mirar hacia nuestro interior, vale para todo. Para tu salud, para tus finanzas y para tus relaciones. Primero sostén lo tuyo. El mundo no se va a caer, sino que va a empezar a sostenerse mejor.

En realidad, poner el foco en ti es lo mejor que puedes hacer para salvar el mundo. Recuperar la consciencia de lo que te hace bien hará que tengas la fuerza para salvar y ayudar a solucionar los problemas de los demás: de tu familia, de tus amigos o de tus colegas de trabajo. El verdadero acto de amor hacia ellos es escucharte a ti mismo primero; llenar tus depósitos de energía, motivación y ambición hará que puedas rellenar los de los que te rodean.

Un amigo me contó una vez que se pasó meses obsesionado con caer bien en su nuevo trabajo. Decía que sí a todo lo que le proponían. Decía que sí a proyectos nuevos, a cervezas después del trabajo, a horas extras para agradar a sus nuevos jefes. Cada noche, cuando se acostaba, le venía a la mente la sensación de haber estado atareado todo el día, pero sin haber avanzado en nada. Tenía la sensación de haber llenado sus horas de tareas vacías que no llevaban a ningún sitio. Toda la energía que tenía al empezar en esa nueva empresa se había diluido como un azucarillo y cada día que veía su reflejo en las puertas del metro de camino al trabajo se encontraba más cansado y más perdido. Al buscar la validación de los demás, estaba dejando de respetarse a sí mismo.

Elige ser tú sin pedir permiso. Empieza llenando tus reservas. Esto deberíamos grabárnoslo todos a fuego y pensarlo cuando estemos pasando por una situación complicada.

En su libro, *Un mundo sin pausa* (Khaf, 2025), Francesc Torralba reflexiona sobre el concepto de tecnocapitalismo nihilista. Para él es una forma de describir nuestro mundo. Esta alianza entre tecnología y capitalismo, que tiene como finalidad más aceleración, más resultados, menos coste, al final es un tipo de alianza que, cuando paramos de producir sin parar, nos causa una sensación de vacío enorme, que no nos llena. Tal y como cuenta, se generan formas de alienación muy fuertes y que pueden resultar en personas permanentemente pendientes del móvil o del ordenador. No se permite el descanso y, cuando se produce, lo que hay es la experiencia del vacío.

> Es una forma de vida que no llena o colma las expectativas de felicidad del ser humano. Y lo vemos en depresiones, consumo de ansiolíticos, suicidios... Existe el peligro de convertirnos en esclavos del sistema.

Pero hay más verbos en la vida que *producir* y *consumir*. «¿Qué tipo de vida es esta? Hay otras modalidades verbales que podemos conjugar: podemos escribir, podemos amar, podemos pasear, podemos conversar», comenta.

> El tecnocapitalismo tiende a reducir a cero las actividades consideradas inútiles. Leer a Platón, vaya inutilidad. Leer a Kafka, vaya inutilidad. Escuchar a Bach, vaya inutilidad. Un paseo por el bosque, vaya inutilidad. Porque lo que es fundamental es producir y consumir, producir y consumir.

Para Francesc Torralba se trata una lógica perversa que nos destruye como seres humanos.

Después de hablar con muchos expertos en salud a nivel mundial y leer muchos de los estudios más recientes en medicina, me quedé con dos consejos básicos que podemos utilizar en nuestro día a día: **poner el foco en nosotros** y **tomar la decisión consecuente**. A través de esta fórmula y gracias al llamado *interés compuesto*, esa idea de mejorar un poco cada día con pequeños hábitos sostenidos en el tiempo que acumulan beneficios y se potencian entre sí, gran parte de los problemas de salud que tenemos se pueden evitar. Ahora bien, esa decisión consecuente siempre será mejor no posponerla, porque no basta con marcarse un objetivo, hay que pasar a la acción. La constancia es un componente de la fórmula del éxito.

De todo esto te hablo, además, con conocimiento de causa.

Durante muchos años he convivido con dolor en mi espalda. No recuerdo el momento exacto, pero sí la época en la que me empezó a doler. A los veintisiete años ya convivía con él como si fuera parte de mi persona, como si tuviera que aceptar que eso es lo que me merecía. Hasta que no pude más. Decidí que era la hora de arreglarlo. Fui al médico y decidí parar. No sé si lo sabes, pero el dolor baja cuando paras el ruido.

En la sala de espera de un hospital hay un silencio raro, de esos que parecen tener peso. Miras a tu alrededor e imaginas cuál es la historia que hay detrás de todas esas personas que aguardan a ser atendidas, sus preocupaciones, sus realidades, sus vidas en general. El dolor nos unifica a todos: seas quien seas, si sientes dolor entenderás a cualquiera que esté sufriendo lo mismo. Cuando por fin llegó mi turno, la neurocirujana me preguntó algo inesperado:

—Uri, y ¿qué tal duermes? ¿Cómo anda la ansiedad?

Me quedé quieto de inmediato. Sus palabras me sorprendieron, pero entonces comprendí que aquel terrible dolor de espalda estaba siendo la consecuencia de muchas malas decisiones que había tomado en mi vida.

El dolor y la ansiedad comparten la misma habitación en el cerebro. Podría explicarse así: cuando uno sube el volumen, el otro se suma a la fiesta y no apaga el altavoz. Si tratas la ansiedad, el volumen del dolor baja; si calmas el dolor, la ansiedad respira. Y el problema es que a veces nadie abre la puerta de esa habitación, porque nos desorientamos buscando el arreglo en una sola dirección. Las experiencias de vida influyen en cómo tu cuerpo siente y resuelve el dolor; no es solo tejido, también es historia.

Salí de aquella consulta con más luz, dando vueltas a lo que había sido mi vida hasta entonces. Mientras escribo esto, pienso en todas las veces que intenté arreglar mi cuerpo sin preguntarle a mi cabeza qué estaba pasando. En todas las noches cortas, en todos los cafés a deshoras, en todas las preocupaciones en bucle que hacían de mi espalda un blanco perfecto y del dolor físico, una alarma. Me creí valiente por aguantar, cuando lo que hacía era que creciese el ruido.

No hay ni que aguantar ni que asumir, hay que tomar las riendas.

En las páginas siguientes te hablaré de lo que me han contado sobre cómo fortalecer todos y cada uno de los pilares que conforman nuestra existencia, fijándonos en nuestro cuerpo y en su salud, pero también en nuestra mente, en nuestro interior, en la forma de relacionarnos con los demás y en cómo lograr la calma y encontrarle sentido a nuestra vida.

Porque de eso se trata: de vivir más, pero de vivir mejor.

En tu mano está.

1

Muévete si quieres vivir más años (y mejor)

El poder de las buenas decisiones. Eso es algo que siempre tengo en la cabeza. Lo pequeño, lo que haces día a día, puede cambiar tu vida a largo plazo. El avión que sale de Barcelona y tiene que aterrizar en Nueva York, si cambia primero su trayectoria, a lo largo del camino y por la acumulación de kilómetros, va a acabar en Alaska al final del trayecto. Lo mismo pasa con tu vida. La acumulación de malas decisiones termina mal, y muchas veces ni siquiera te das cuenta de que las estás tomando. Este es un principio muy poderoso y se puede aplicar a todo. Es una ley inmutable que muchas veces coincide en la repetición de patrones aburridos, pero que tienen unos resultados formidables.

Por eso vamos a empezar fuerte. Te daré un dato revelador: la Organización Mundial de la Salud indica que aproximadamente el 80 % de dolencias como la cardiopatía isquémica, el ictus y la diabetes tipo 2 se pueden prevenir si actuamos sobre la dieta, la actividad física y el consumo de tabaco y alcohol.[2] Tus decisiones en el día a día marcan tu salud, solo el 20 % de las dolencias las podemos atribuir a tu genética. La realidad es que la mayoría de las enfermedades que padecemos están relacionadas con nuestro estilo de vida. Con lo que decidimos hacer y con lo que hacemos. O con lo que no hacemos. Darle la espalda a los buenos hábitos es darle la espalda a tu salud. Es acortar tu vida, la *buena* vida.

En mi charla con el neurocirujano José Hernández Poveda hablamos de que sobre ese 80 % existen cuatro claves que, si las dominas, inclinan la estadística a tu favor: actividad física, nutrición, sueño y salud mental. Muchas personas se obsesionan con vivir más. ¿Querrías llegar a los ciento veinte años? Seguramente, claro. Pero ¿en qué condiciones? Ahí radica la diferencia. La cantidad y la calidad deben ir en paralelo.

Hernández Poveda también es experto en longevidad y me aseguró que está cansado de ver a miles de personas que creen llevar una vida sana. Pero tras medir el resultado

2. Federación Mundial del Corazón. (s.f.). *Prevención*. Federación Mundial del Corazón. https://world-heart-federation.org/es/what-we-do/prevention/.

de esos hábitos, su masa muscular, su resistencia a la insulina o su nivel de estrés, se daban cuenta de que no lo estaban haciendo bien. Regidos en su mayor parte por la información hallada en las redes sociales, dedicaban un gran esfuerzo al cambio que les habían dictado, pero el resultado nada tenía que ver con lo esperado. «Si no mides lo que estás haciendo, no sabes dónde estás y no lo puedes mejorar. Ni plantearte dietas "milagrosas", ni plantearte suplementos "mágicos"», aseguraba.

El ejercicio físico: el mayor seguro de vida

Cuando me calzo las zapatillas y salgo a correr, estoy tomando una gran decisión. Cuando no pospones el momento de ir al gimnasio, vences a la pereza y te plantas allí para seguir la rutina pautada, estás tomando una gran decisión. Cuando en lugar de pasarte la tarde sentado en el sofá, enganchado a una serie y a un picoteo sin fin, quedas con tus colegas de *crossfit* para mejorar el entrenamiento, estás tomando una gran decisión. La GRAN decisión.

Si tuviésemos que elegir solo una cosa para intentar tener una vida más larga y sana sería hacer deporte. No pretendo que te pongas a escoger entre los pilares propuestos. Pero sí que seas consciente del poder que tiene el ejercicio físico y de dos de sus consecuencias vitales: tener una buena fuerza muscular y una mejor capacidad cardiorrespiratoria. «Si quieres hacer algo para empezar a cambiar tu vida, empieza a hacer deporte», recomienda Hernández Poveda. Me lo dijo con un añadido extra viendo mi cara de querer saber más: «No hacer ejercicio es mucho más perjudicial para la salud que fumar. Es diez veces peor». Diez a uno. ¿Lo habrías imaginado? Yo no.

Cada vez que hago pesas, que voy a más en mis entrenamientos de fuerza, que me digo a mí mismo «Uri, puedes un poco más, joder», pienso en sus palabras. El corazón y los músculos se definen mediante el deporte que hacemos, y por el que hemos hecho. Pero también por nuestra inacción.

Voy a contarte algo más que me resulta fascinante.

La historia es esta:

Klotho era la hija menor de Zeus, que hilaba con su rueca las hebras de la vida. Y con el mismo nombre se conoce una proteína que es un pilar indispensable para la longevidad. En 1997 unos investigadores descubrieron que unos ratones que envejecían más rápido, más débiles y menos ágiles que el resto, lo hacían por un defecto: la falta de klotho, que se encuentra principalmente en el riñón. Sus niveles se correlacionan directamente con cuánto tiempo vas a vivir. Además, es un estimulante muy potente de la formación de nuevas conexiones en el cerebro. ¿Y sabes qué? El entrenamiento de fuerza hace que la liberes en la sangre, funcionando, así, como hormona antienvejecimiento. Así que cuando entrenas muy fuerte, klotho se desprende de la membrana, entra en la sangre y viaja por todo tu cuerpo. A través de la sangre, llega al cerebro y promueve la creación de nuevas neuronas. Y probablemente —según me explicó Hernández Poveda— por eso el entrenamiento de fuerza es la intervención más potente para proteger tu cerebro del alzhéimer. Gracias al ejercicio físico sigues hilando las hebras de tu vida. Y, nuevamente, eso depende de ti, de hacer sí o sí lo que sabes que le conviene a tu cuerpo y a tu mente, de ponerte las pilas.

Recuerda la cifra de la OMS: el 80/20 no es una excusa para culparte ni una promesa de control total. Es una puerta abierta. Te dice: «No eres una víctima pasiva de tus apellidos». ¿Que tu familia tiene tendencia a complicaciones de corazón? Bien, ya sabes dónde poner el foco. Muévete cada día, come con cabeza, duerme de verdad y baja el ruido del estrés. Y una cosa más: mide. Porque a veces creemos que lo estamos haciendo bien… hasta que miramos de cerca y descubrimos que no. Si no mides, no sabes dónde estás ni cómo mejorar: masa muscular, resistencia a la insulina, calidad de sueño, marcadores de estrés... No los pases por alto. Comprueba en qué punto estás, arranca desde la meta hacia tu objetivo y actívate.

No te aferres a que la ciencia podrá administrarte la pastilla que te hará rejuvenecer o vivir más años y mejor. Sí, seguramente se logre. Pero ¿llegarás a tiempo de vivirlo o de experimentarlo? ¿Vas a dejar tu presente en manos de lo que llegará sin tener una certeza absoluta? Piensa en que todos los días puedes levantarte con un propósito, no tenerlo es una de las cosas que más acelera el deterioro del cuerpo y de la mente. Grábatelo a fuego: si no eres capaz de mantener tu calidad de vida, no tiene ningún sentido vivir más años. Cambia tus hábitos desde ya. No hay que ser perfecto, hay que hacerlo bien todos los días.

EL *TOOLKIT* DE LA CALIDAD DE VIDA

Nútrete como te conviene. Favorece la alimentación sana, evita la comida basura, cumple con los requerimientos de proteínas (ingiere al menos 1,6 gramos por kilo de peso corporal), no comas más alimentos de los que necesitas y bebe unos tres litros de agua al día. Uno de los órganos que va a limitar más tu longevidad es el riñón (acuérdate de Khloto).

Duerme lo óptimo. Tu cuerpo y tu mente, tu salud, necesitan que duermas. Además, no puedes aumentar tu masa muscular si no duermes bien. Mínimo, siete horas. Mejor, ocho. No te restes horas de sueño enganchado a la luz de las pantallas porque te perjudicará.

Rebaja el estrés. Respira con un determinado patrón varias veces al día. Hazlo cuando tengas un pico de estrés y se haya disparado el cortisol, pero también al despertar, con calma, y escribe una lista de tres cosas por las que estar agradecido. Funciona.

Ve a la sauna. La dosis habitual es por encima de ochenta grados centígrados entre quince minutos y media hora y entre cuatro y siete días a la semana. Mejor que el baño de agua fría. Tu salud cardiovascular te aplaudirá. Copia a los finlandeses.

Mide tu apolipoproteína (ApoB). Esta proteína se encarga de transportar las grasas dentro de nuestro cuerpo. Cuanta más ApoB tenemos, más probable es que se deposite en la pared de la arteria, se transforme en una placa de grasa que vaya creciendo, obstruya las arterias y produzca infartos o derrames cerebrales. Poca gente lo tiene en cuenta.

2

Si coges el atajo, el atajo te va a matar

Ya lo hemos dicho, el músculo es un seguro de vida. A mayor masa muscular, mayor calidad de vida y longevidad. Pero, ojo, para que esa fórmula funcione debes ganar músculo de forma natural. Los atajos no sirven y, además, optar por ellos pone en riesgo tu salud y tu vida.

Igual eres de los que va al gimnasio desde hace años y no ve resultados, o de los que cree que ir y hacer la misma rutina le ayudará. La fuerza no vendrá a ti porque sí. «Entrenando una hora, tres veces por semana y en días alternos, puedes transformar el físico de cualquier persona. La gente se imagina que estás todo el día en el gimnasio». Así lo asegura Roberto Amorosi, experto en musculación natural con un físico brutal.

Hay algo claro: la masa muscular es la consecuencia de

un estímulo. Si el estímulo cesa, la masa muscular se va. Pero, si algo recalca Amorosi, es que luchamos en contra del tiempo, luchamos en contra de la sarcopenia, o sea, en contra de la pérdida de masa muscular que conlleva el envejecimiento. Moraleja: si vamos al gimnasio solo a «mantenernos», sin buscar constantemente la mejora, nos iremos a pique. Terminaremos cayendo en la ley de la acomodación.

Así que toca hacer hoy más de lo que hiciste ayer y hacerlo mejor. Un concepto básico de la teoría del entrenamiento deportivo dice que una persona expuesta al mismo tipo de estímulo tiene rendimientos decrecientes. Iremos a peor si hacemos siempre lo mismo. Porque una vez que tu cuerpo se ha adaptado a algo, ya no tiene motivos para seguir mejorando.

Si entrenas es para buscar siempre la mejora. Ese plus, ese punto óptimo.

La mejora supone un sacrificio o, al menos, un trabajo coherente dentro y fuera del gimnasio —si es que entrenas allí—. «Es imposible que tú consigas hacer un poquito más que ayer si no dormiste bien, si estás hasta arriba de estrés, si no tienes capacidad de foco a la hora de entrenar», asegura Amorosi. Todo eso restará.

A nuestro cuerpo le gusta el equilibrio, aunque a veces nos empeñemos en lo contrario.

Y ahora te hablaré de los atajos. Escuchar a Amorosi me alucinó. Porque hablaba con la seguridad que le ha dado el conocimiento sobre su cuerpo y la salud, el haber puesto en práctica todo lo que recomienda, el haber preparado a más de dos mil entrenadores personales.

El negocio de la prescripción de testosterona y de tratamientos hormonales, que antes era para un círculo restringido de personas, hoy está generando un negocio multimillonario. Se frivoliza, pero no es lo mismo que tomarse unas vitaminas.

Y el peligro es real.

Amorosi me proporcionó datos y afirmaciones. A más consumo, menos esperanza de vida. Un culturista profesional que utiliza muchos anabolizantes tiene un índice de mortalidad cinco veces mayor que un culturista *amateur* y quince veces mayor que la población general.

> El 95 % de las personas que utilizan esteroides a nivel recreativo está demostrado que experimenta por lo menos dos o tres efectos secundarios: los huevos pequeños, los granos, quedarse calvos… Y si no, hipertensión, y si no, infarto, y si no, ictus, y si no, enfermedades hepáticas, y si no, renales, y si no… Quiero decir, la lista de efectos secundarios es enorme. ¿Qué pasa? Que no los experimentas en-

seguida. Lo que experimentas enseguida es la parte buena. Es aumento de masa muscular, de ocho kilos de músculo sin entrenar. ¡Qué guay! Ese es como tu colega que juega en bolsa, que siempre gana. Pero, luego, cuando pierde, no te lo cuenta.

Hay que estar alerta ante la normalización de la mafia del dopaje y con los integrantes de la secta de la testosterona.

Cuidado con lo que te venden. Cuidado con a quién sigues. Cuidado con lo que decides hacer para ganar músculo. Has pensado en ti hoy, pero ¿cómo quieres verte dentro de unos años? Imagino que vivo, sano y musculado. Puedes hacerlo. Tira de la constancia y de unos objetivos. Aboga por el músculo natural porque también llega si sabes el camino. La recompensa llega. No te mientas a ti mismo, ni mientas a tu cuerpo. Si coges el atajo, el atajo te va a matar. Es el poder de las buenas decisiones, no lo olvides.

¿Qué pilares benefician la musculación natural según Amorosi?

Dormir. Todo empieza el día antes. Porque para dormir las horas que necesitas, la decisión la tienes que tomar la noche anterior. El entreno comienza en el descanso.

Completar los diez mil pasos al día. Caminar o no marca una gran diferencia. Caminar cada día esa cantidad de pasos reduce los índices de mortalidad, beneficiando parámetros de salud relacionados con la esperanza de vida. El cardio suma, y mucho.

Entrenamiento de fuerza. Entrenar tu físico para tratar de mejorar tu masa muscular y tu fuerza a lo largo del tiempo te va a permitir comer más y tener más flexibilidad con la dieta. Sí, debes tener un plan y un objetivo, un entrenamiento estructurado. No se trata de hacer pesas sin más, subirte a una máquina cualquiera y esperar que el tiempo pase y todo mejore.

Manejo del estrés. Si tienes el cortisol por las nubes, todo será más difícil.

Buen aporte nutricional. Sin más. No existe la dieta mágica ni la hora exacta de comer. Claro, hay que comer sano y acorde con tu entrenamiento de fuerza y tu estilo de vida, pero sin sucumbir a las dietas milagro ni a falsas promesas. «Nuestro cuerpo es más listo, afortunadamente, que todos los gurús y magufos de la dieta. Y lo que le gusta es la constancia. Al cuerpo le gusta la homeostasis, o sea, le gusta el equilibrio».

Amorosi lo resume así. Mejorar la técnica y unos patrones de movimientos bien hechos. Un *press* de banca bien realizado, una dominada bien hecha. Ejercicios funcionales bien ejecutados. Tener una rutina diseñada para conseguir una mejora en el tiempo. La gota que agujerea la roca. No quererlo todo para ya. Él lleva treinta años en esta disciplina y los cambios han llegado, pero a veces también creía que no iban a llegar. La gente sobreestima lo que puede conseguir en un año, e infravalora lo que puede conseguir con ejercicios bien realizados. El gimnasio puede ser más aburrido si no entendemos lo que estamos haciendo y si tampoco lo medimos no podremos ver la progresión. Tener un registro, ver la mejora, nos engancha y nos motiva a seguir progresando. Eso y formar parte de una comunidad, no virtual, sino real. Entrenar con otros.

Y la proteína es proteína, ya sea una pechuga de pollo, tofu o un batido.

3

Distingue el hambre emocional, porque comerás en exceso y mal

Otra vez, vamos a atizar al atajo. La vía rápida o el recurso milagroso. Aléjalos de tu vida si quieres llevar una alimentación saludable. Puede haber recomendaciones, claro, las cuales he dado y seguiré dando a lo largo de estas páginas. Son muchas cosas las que me han contado y he aprendido (y sigo aprendiendo) con *La fórmula del éxito*.

Se trata de ir sumando, no de obtener el premio a la primera de cambio.

Boticaria García, Boti para los amigos y seguidores, desconfía de las personas que proponen métodos mágicos y sobre todo de los que no basan sus propuestas en la evidencia científica y no te dicen las fuentes. O de los que intentan crear una comunidad basada en gurús que aseguran tener la verdad, que dicen tener el mundo en contra porque ellos son los transmisores de la «buena ciencia». Principio primero de alerta. Para ella, lo importante son los consensos a los que llegan los investigadores, las sociedades científicas. Además, si, como ella, uno tiene la habilidad de comunicarlo bien, mejor que mejor.

¿Eres de los que creen que la dieta paleo es la panacea? Pues esto te interesa. ¿O te flipan los hidratos de carbono, y tiras mucho de ellos? También te interesa.

Hay que reconocer que el hombre de las cavernas tenía sus ventajas en cuanto a alimentación saludable. Comía inevitablemente alimentos locales y de temporada, porque era lo que había a su alrededor, claro. Y se movía. No tenía más remedio porque la comida no venía a él, sino que debía salir de la cueva a buscarla. Cuidado, que carencias nutricionales también tendría. Ahora bien, lo más seguro es que si hubiese tenido a su alcance azúcares refinados, productos ultraprocesados, se los habría llevado a la boca. Pero él no tenía alimentos que estimulasen los sentidos como lo hacen los que podemos ingerir ahora mismo yendo a la nevera o pidiéndolos en una aplicación.

En cualquier caso, no haría falta irse tan lejos en la historia de la humanidad para dar con una sociedad que se alimenta más saludablemente. Por algo se elogia la comida de nuestras abuelas. Es una etiqueta, hay un punto de nostalgia, pero es cierto que había quien tenía su propia huerta, compraba en el mercado, se tomaba su tiempo para cocinar y no llenaba la despensa de procesados. Ahora hay exceso, carbohidratos baratos y poco movimiento.

Y, además, nos cuesta parar de comer, sin distinguir que hay varios tipos de hambre y caemos, con frecuencia, en el hambre emocional. Como la mayor parte de la población vive estresada y acelerada, el cortisol, que es la hormona del estrés y de la insatisfacción, está desatado y es uno de los grandes culpables de que tengamos hambre cuando no toca. Cuando estamos a tope de estrés se disparan los niveles de cortisol y el sistema hedónico, nuestro copiloto caprichoso, nos envía directos a la nevera. Y quién quiere entonces comerse una zanahoria cruda o un yogur desnatado. Casi nadie. Casi todos vamos a la bomba de azúcar. Dopamina instantánea.

Convierte tu alimentación en alimentación consciente

Vigila el estrés y la ansiedad. Cuando estos se disparan, liberamos cortisol, responsable del hambre emocional que todos queremos mantener a raya.

Elige desayunos salados y olvídate del dulce. Así limitarás las montañas rusas de glucosa en sangre.

Presta atención a lo que comes. Antes de empezar a comer, tómate un momento para hacer una pausa y centrarte. Agradece los alimentos que vas a ingerir. Come despacio, no uses pantallas y usa tus cinco sentidos para disfrutar la comida.

Escucha a tu cuerpo. Pregúntate si tienes hambre real y para de comer antes de sentirte lleno.

Prioriza la compra de alimentos. Llena la mitad de tu carro con frutas y verduras, y no con productos ultraprocesados. Cuanto menos envase y más sencillo, mejor.

Incorpora fermentados y fibra. Come alimentos como kéfir, yogur natural, chucrut y kimchi, y una buena cantidad de fibra (frutas, verduras, legumbres, cereales integrales) para una mejor salud intestinal.

Limita los hidratos de carbono. Especialmente, cuando no hay mucho gasto energético. Si apenas te mueves no deberías tomar ese 65 % o 60 % de hidratos de carbono porque no los necesitas. Ese porcentaje está hecho con cánones antiguos.

Aumenta las proteínas sin miedo, siempre y cuando vengan de fuentes saludables como el pollo, los huevos o las legumbres. Y la carne roja mejor solo dos veces por semana.

Sé consciente de la cantidad de azúcar que consumes. Hay muchos nombres para el azúcar (dextrosa, fructosa, etc.), y debe consumirse con moderación. Lo mejor es pasar del azúcar refinado. Ahora bien, no caigas en los postres *fit,* postres *healthy* o *paleopostres*. Si quieres comer un dulce como tal, hazlo ese día puntual, sin buscar alternativas engañosas cargadas de grasa no saludable. Y no te sientas culpable.

Encuentra un tipo de entrenamiento de fuerza que te guste. El ejercicio de fuerza nos va a generar el músculo porque con correr no es suficiente. Genera dopamina de la buena y a partir de ahí ve escalando. Si haces algo por castigo, te va a durar poco la motivación.

El detox es un invento. Tu hígado y tu riñón son suficientes para depurarte. Estas dietas no tienen sentido desde el punto de vista fisiológico. Una dieta detox acaba siendo una dieta muy baja en calorías. Mejor opta por lo progresivo.

Duerme bien. Entre 7 y 9 horas al día como mínimo si quieres prevenir la obesidad.

No te condenes. Si tienes sobrepeso u obesidad, por ejemplo, no pienses que es consecuencia de la falta de voluntad: se debe a factores biológicos, genéticos y ambientales. Es una enfermedad y requiere tratamiento.

Cuidado con los fármacos que *hackean* el hambre. Antes de tomarlos debes consultar con tu médico.

Piensa en la prevención. Todo lo que hagas hazlo pensando no solo en cómo te sientes hoy, sino en cómo estarás dentro de unos años.

Tenemos que aferrarnos a unos hábitos y ser conscientes de lo que estamos haciendo cuando comemos. Y algo más: tener un núcleo duro de allegados que nos apoye en nuestras decisiones. «Cuando uno emprende un viaje para intentar cuidarse más, para perder grasa, para ganar salud o para hacer ejercicio físico, hacerlo en grupo ayuda», remarca Boticaria García. Y es así. La motivación es personal, pero viene muy bien alimentarla con el impulso de los demás. Si quedas con quien también quiere cuidarse, seguirás en la senda. Será mucho más fácil que bregar con la decisión de no tomar alcohol rodeado de un grupo de gente que ha quedado una tarde para tomar *gintonics*.

Rodéate de quien te multiplica para bien.

4

No te conformes con soportar el dolor

Yo estuve quince años con dolor en la espalda hasta que la conocí. Convivía con él a diario, algunos días más y otros menos, pero me acostumbré a su presencia. A que fuese para siempre. Mireia Illueca es neurocirujana especializada en microcirugía. Pero, además, hace cosas extraordinarias. No solo porque me ayudase —que también—, sino por su trabajo y por la visión que defiende de la medicina.

La ciencia ha corroborado la existencia y el funcionamiento de algunas conexiones cerebrales. Por ejemplo, hay una zona del cerebro que nos hace conscientes del dolor y que comparte áreas con la ansiedad. «Si tú tratas la ansiedad y bajas el volumen de la ansiedad, bajas el volumen del dolor y al revés. Si esto lo sabes, el paciente mejora antes», asegura Mireia.

El cerebro es el gran desconocido del cuerpo y estamos viendo sobre todo cómo interactúa con las diferentes partes del cuerpo. Esta es la parte que nos faltaba a nivel científico en la medicina. Estamos en la era de descubrimiento.

No solo me dijo que me tenía que operar, sino que me ayudaría después de la intervención. Y eso para mí fue algo diferente de todo lo que me habían dicho antes. En mi caso estaba eternizando el dolor, algo que le pasa a muchísimas personas y que terminan cargando con él como una losa.

Si siempre hablo del poder de las buenas decisiones, aquí podría hablar del poder de las increíbles conexiones de nuestro organismo entre sí y de nuestras vivencias o circunstancias personales. Todo guarda relación y la ciencia lo sabe. Porque las experiencias que tenemos a lo largo de nuestra vida influyen en cómo se expresa el dolor y también en cómo se puede tratar.

Recuerdo que, después de la operación, cuando me levanté, casi me puse a llorar. Porque ya no me dolía. Me parecía increíble sentirme así. Había recuperado una sensación que creía escondida. Me cuesta encontrar las palabras para describirlo. El peso que me quitaron de encima fue muy grande... Me sentía tan mal que no podía dejar de pensar en mi dolor y mi espalda. En aquella época, tú, que me estás leyendo, podrías haberme dicho que te había tocado la lotería o que habías estado a punto de quedarte atrapado en un incendio, y mi reacción habría sido prácticamente inexistente. No habría pasado del «Ya, vale, de acuerdo, pero tengo un dolor terrible».

Según el *Barómetro del dolor crónico en España 2022,*[3] el 25,9 % de la población adulta padece dolor crónico. Es un mal silencioso que afecta a más de nueve millones de personas en nuestro país. De ellas, un 30 % sufre limitaciones sociales o laborales graves, un 28 % presenta ansiedad y un 22 % depresión, siendo el dolor de espalda el más frecuente. El perfil más habitual es el de una mujer de cincuenta años que soporta el dolor durante más de tres meses, varios días por semana, sin obtener mejoría. Todos los casos son únicos, pero hay algo que siempre se repite: en todos tiene una incidencia enorme en el aspecto emocional. El desgaste psicológico es bestial.

Tal vez comprendas exactamente de lo que te estoy hablando porque te pasa a ti. Que te has acostumbrado a vivir con dolor y a no encontrar la solución. En mi caso, para

3. Observatorio del dolor, y Fundación Grünenthal España. (2022). *Barómetro del dolor crónico en España 2022.* https://www.fundaciongrunenthal.es/fundacion/pdfs/barometro-dolor-cronico-espana-2022.pdf.

paliar el dolor, me medicaba. Y esa medicación me afectaba al estómago. No dormía bien. Tenía dolor de cabeza. Disimulaba todo lo que podía. Me sentía francamente mal, pero seguía adelante con mi vida, con el pódcast, pasaba tiempo junto a mi familia, trataba de cuidarme entrenando, alimentándome de la mejor forma, pero con un malestar continuo y al que no le veía salida.

Y no hay que vivir así. El dolor crónico, ese dolor que dura más de tres meses, no tiene por qué ser incurable ni para siempre.

Mireia Illueca defiende una medicina cercana y personalizada. Para ella, uno de los problemas está en generalizar las soluciones para todo el mundo, cuando cada uno de nosotros tenemos vidas distintas, problemas propios y un entorno particular. Y más aún cuando científicamente está probado que hay una estrecha relación entre el cerebro y el resto de los órganos. Si ella, que toca la CPU del cuerpo, comprende que es vital ver a la persona como a un todo, cada uno de nosotros debemos abordar la salud como ese mismo todo.

Yo acudí a su consulta en busca de soluciones, y me encontré no solo con ellas, sino con una charla abierta, un abordaje que iba más allá del propio dolor. Sentí que su escucha activa iba más lejos de la propia operación. Me sentí acompañado, comprendido y escuchado. Y sabía que lo que ella me decía con tanta claridad no era una imposición. «El paciente tiene que tomar las riendas de su propia vida, de su propia enfermedad, de las decisiones. Y yo soy un asesor», asegura Illueca. Hoy no es como antes. No es como cuando nuestros padres podían sufrir dolor, acudir al médico y esperar la solución o resignarse si no la había. Hoy tenemos muchos más recursos a nuestro alcance y sabemos que ante nosotros se presentan muchas puertas por abrir. Y es nuestra responsabilidad intentar encontrar una salida.

5

Respira bien para vivir mejor

«Vivimos como respiramos. En el momento que rectificas tu forma de respirar, todo se empieza a calmar». Para la experta Soltowanda (Sol de la Torre), la respiración consciente te lleva al aquí y al ahora, y las chorradas que te preocupan y te quitan el sueño desaparecen. Ella misma vivió una época con el cortisol por las nubes, ansiedad, estrés, agobios mil. Hasta los cincuenta años, se limitó a ver su vida pasar. Entonces frenó, porque su día a día iba a mil revoluciones, y la respiración consciente la transformó. El estrés la podría haber matado. Sabemos que es uno de los factores que determinan las dolencias cardiacas, así que la historia de Soltowanda no era nada descabellada. Para ella, el mal de este siglo es el estrés. Y razón no le falta.

Todos tenemos ese superpoder que nos permite cambiar nuestra realidad. Suena fuerte, pero es así. Cuando Soltowanda estuvo en el pódcast, hablé de mí. De, por ejemplo, la ansiedad que tenía antes de presentar la gala de los premios Ondas en el Liceu de Barcelona. Entre el público había ministros, políticos, toda la flor y nata del mundo de la comunicación, mis jefes, los jefes de mis jefes. Y yo estaba ahí y pensaba: «Si la cagas, la cagas delante de todo el mundo. En directo». No me lo quitaba de la cabeza. Y, entonces, en esos momentos de angustia, pensé: «Respira, Uri, tranquilízate. Baja toda esa emoción». Antes de salir al escenario creía que iba a vomitar. La sensación era esa. Pero cuando respiré de manera consciente y lancé la primera frase del guion que me sabía de memoria, se pasó. Había nervios, pero supe contenerlos. Pero sin esos instantes de respiración previa que me ayudaron a bajar la frecuencia cardiaca, apuesto a que las cosas no habrían salido tan bien.

A ti esto también puede servirte. Porque todos pasamos por situaciones en las que la ansiedad se dispara y nos sentimos bloqueados por los nervios. Una conversación incómoda que hemos ido posponiendo, una charla con el jefe en la que te juegas mucho, hablar en público y defender tu trabajo. El agobio puede ser máximo.

El mantra de Soltowanda es: «Mi forma de respirar está empeorando este momento». Porque en el instante en que tú rectificas tu forma de respirar, todo se empieza a calmar. Pero, claro, debemos saber hacerlo bien. Creo que no te descubriré nada si te digo que la mayoría de las personas respiramos fatal. Soltowanda asegura que el 90% tenemos una respiración disfuncional y la mitad respiran por la boca todo el rato. En cambio, una respiración funcional es nasal, lenta y silenciosa. Debe cumplir con las tres características. Y, a la hora de inhalar, la boca ha de estar cerrada. Entreabierta tampoco vale. No cuela. Respirar mal guarda relación con el estrés y la ansiedad, así como con todo lo que conllevan: la falta de sueño o de concentración, el estado de ánimo, estar de mala leche, tomar malas decisiones... Respirar por la nariz te ayuda a vivir en la calma. Respirar por la boca te hace vivir en el caos. La boca es una solución de emergencia y este recurso suele ser la norma, en vez de la alternativa.

Puedes probarlo ahora mismo.

Búscate el pulso, en el cuello, en la muñeca. Cierra los ojos y la boca. Inhala unos tres segundos por la nariz y exhala poco a poco, alargando la salida del aire durante unos seis segundos más. Vas a reducir tu frecuencia cardiaca. El pulso lo demostrará. La respiración funcional es una pasada y no debe oírse.

¿Duermes muchas horas o crees que duermes muchas horas y cuando te levantas por la mañana estás reventado? Pues hay que fijarse en cómo respiras.

Se dice que tardamos veintiún días en adquirir un hábito y noventa en incorporarlo a nuestra identidad. Con la respiración ocurre lo mismo, y hay que hacerlo desde el compromiso y siendo consciente de ello. Por ejemplo, si vas en coche de camino al trabajo, mantén la boca cerrada, respira únicamente por la nariz. La concienciación es el primer paso.

Luego, para Soltowanda, viene el *slow motion*. Si has de respirar más lentamente, que tus movimientos también se ralenticen. Baja algunas marchas, no vayas tan acelerado por la vida. Si te despiertas por la mañana de golpe y te conviertes en un rayo, será contraproducente. Abre los ojos, toma conciencia, haz unas cuatro respiraciones profundas... Empieza tu rutina con calma. Y, a lo largo del día, observa tu respiración, fíjate en lo que haces, mírate a ti mismo y no vayas con el piloto automático puesto.

Practica con la maniobra de Cottle

Coloca cada uno de los dedos índices en su respectivo lado de la mejilla, al lado de la nariz. Estira las mejillas hacia fuera, abriendo las fosas nasales, e inhala por la nariz. Esta es la maniobra de Cottle. Como comprobarás, entra mucha más cantidad de aire. Puedes experimentar algo similar poniéndote una tira nasal. Es recomendable ponérsela por la noche para facilitar la respiración nasal, sobre todo si estás empezando con este hábito. Y cuando vayas a hacer deporte, la tira puede marcar la diferencia.

6

Puedes tener carisma si trabajas para lograrlo

Hay gente magnética. Piensa en el expresidente de Estados Unidos Barack Obama. Cómo habla, su gestualidad, su manera de moverse, su clase. Siempre lo he pensado. Es un tipo al que, cuando habla, todo el mundo escucha. Es un claro ejemplo de lo que llamamos carisma. Pero ¿en qué consiste esta apreciada cualidad? ¿Qué hace que haya personas que entren en una sala, y cualquiera note su presencia? Podríamos pensar que el poder de atracción que profesan viene de fábrica. Que se nace con esa especie de aura, sumado a una personalidad determinante. Pues debes saber que no es exactamente así.

El carisma parece genuino, pero, en realidad, se puede trabajar. «Lo bonito del carisma es que tú puedes construirlo a tu medida», dice Fer Miralles, campeón de España de oratoria. Y yo le creo. No solo porque Fer sea un individuo carismático, que lo es, sino porque después de haber conversado varias veces con él comprendí lo valiosos que eran sus argumentos.

Yo de ti tomaría nota.

Hay fórmulas para conseguir convertirte en una persona con carisma. Pero, antes de conocerlas, debes tener la voluntad de trabajar en ello, planteártelo como un objetivo y ser consciente de que detrás de toda persona carismática, hay un proyecto detrás. Nada es porque sí, ya lo sabíamos, y esto tampoco. Así que otra vez deberás poner el foco en ti.

Algo que explica Fer Miralles es que las personas carismáticas escuchan a los demás. Y lo hacen de verdad. En una conversación es clave preguntar al otro, interesarse genuinamente y que se note interés mientras escuchas. No vale parecer que estás presente sin estarlo, ni vale ser empático de una forma impostada. Fingir no te ayudará, sino todo lo contrario. Puede que cuele en algunos casos, pero en la mayoría, si no estás muy entrenado, se te verán las costuras.

Y aquí viene otra clave conversacional: es aconsejable intervenir poco, dejar que el otro se exprese. «Cuanto más te callas, menos enseñas y más dejas al misterio, más carisma tienes, más atraes a los demás», afirma Fer. Porque los charlatanes, los que siempre tienen algo que decir sobre cualquier asunto, muchas veces interrumpiendo a los demás, nos abruman. Todos conocemos a esas personas que siempre quieren tener la razón o que hablan en exceso, y sabemos que nunca causan una buena impresión, sino más bien rechazo y la sensación de estar ante un sabelotodo. Es pesadísimo.

Fer Miralles sabe mucho sobre lo que dice y también sobre lo que escucha. Una de sus máximas es aplicar el principio de Pareto. Esta regla, que tiene sus raíces en la economía, nos dice que el 80 % de los resultados proceden del 20 % de nuestras acciones. Este principio, aplicado a la oratoria, nos revela que tendremos éxito en una conversación cuando hablemos un máximo del 20 %. El cálculo es sencillo: que dos de cada diez palabras salgan de tu boca, no más. Hay quienes dicen que menos es más. Va a ser que tienen razón.

Otra cualidad clave de los carismáticos: saben expresarse. De hecho, si no sabes expresarte bien, lo demás no importará. Podrás ser muy bueno en una disciplina concreta, pero si no sabes transmitir lo que verdaderamente quieres, comunicarte de forma adecuada con los demás, disponer de una buena oratoria, tu trabajo y tus conocimientos perderán valor. Imagínate un científico que sabe muchísimo de su materia, pero que a la hora de explicar a otro sus descubrimientos no sabe cómo divulgarlos. O ese conferenciante que, nada más empezar, hace desconectar a la audiencia porque solo habla de lo que a él le interesa. Vamos mal.

Me dirás: «Pero es que yo no tengo esta cualidad». Puede que tenga mucho que ver con otro aspecto que también se aprende: moverte con calma y seguridad, porque no hay nada menos carismático que entrar en una sala con prisas, mostrando nerviosismo y con una gestualidad excesiva. ¿Has visto cómo se mueve Obama? Vale, asumamos que los movimientos de Obama están estudiados y ensayados al milímetro. Pero si te gusta su estilo puedes aprender de él. Y si su estilo no casa contigo, busca otro referente y aprende de él.

Si quieres ser buen orador, practica intentándolo una y otra vez. Fíjate bien en aquellos a los que admiras. Con el tiempo podrás evolucionar y mejorar sin dejar de ser auténtico. Eso sí, Fer Miralles nos advierte algo: se puede —y es recomendable— comenzar aprendiendo por imitación, pero luego tendrás que dar con tu propio estilo para ser original y destacar. Es como aprender a jugar primero para luego ser tú el verdadero especialista del juego.

Fer ha estado dos veces en *La fórmula del éxito*. Y las dos veces he disfrutado muchísimo escuchando cómo habla. Sabe, por descontado, que su imagen es auténtica, y que su mensaje cala. Pero detrás de todo lo que explica hay experiencia y muchas horas de trabajo. Para ser buenos comunicando debemos enfocarlo como si fuera un entrenamiento. «Es una habilidad, pero se ha de aprender y necesita dedicación», afirma. Yo también sé que para llegar hay que trabajar. Yo tuve que volver a comenzar y no fue nada fácil. Ya te lo conté al principio. Pero toda aquella experiencia que acumulé durante años en la radio también me ha traído hasta aquí. Hasta mi pódcast e, incluso, a escribir este libro para aportarte los aprendizajes que a mí me han conquistado de gente tan valiosa.

Como dice Fer, «la vida no es justa ni es injusta. La vida es». Yo supe que debía seguir con el pódcast, tratar de mejorar siempre en algún detalle, para luego ir sumando detalles y tener el lienzo completo. Si a algo estaba obligado es a hacerlo siempre lo mejor que podía, aprovechando todos los recursos que estaban a mi alcance. Quise y quiero aportar valor a quienes me escuchan, me vean o me lean. Me di cuenta también de que crear contenidos supone esforzarse continuamente y renunciar a otros deseos, adoptando una posición a veces costosa y de sacrificio personal.

En una de nuestras charlas con Fer, los papeles se intercambiaron. Acabamos conversando de tal forma que él era quien me entrevistaba, y me sinceré. «Tú no estarías donde estás si no te lo hubieras trabajado», me dijo. Y sí, es así. Y no soy el único, sino que también aplica a muchísimas otras personas con un objetivo y las ganas y el esfuerzo de lograrlo. Porque hoy en día disponemos de muchos recursos para llegar a un gran público.

Volvamos a la comunicación.

El ejemplo del conferenciante que suelta su rollo a la audiencia me sirve para decir que al público le interesa, sobre todo, lo que tú les puedes ofrecer a ellos y no tanto lo que a ti te apetezca contarles. El matiz marca la diferencia. Comunicar eficazmente no va de eso. Porque de esa manera terminas cayendo en hablar y hablar únicamente de lo que a ti te interesa, y es probable que más de uno termine cogiendo el móvil para distraerse y que otros abandonen la sala. En cambio, si lo que quieres es ser un buen comunicador, que permanezcan atentos y que se queden, deberás alimentar sus intereses.

Esto también es compatible con otro de los consejos de Fer Miralles: atreverse a ser disruptivo. «No tengas miedo a polarizar con tu discurso e ideas. No hay que ser amigo de todo el mundo», comenta. Esto encaja con la idea de mostrarse seguro en lo que haces, tener una buena autoestima y ser auténtico. Además, también si quieres que tu discurso cale debes hacer uso de la repetición. De hecho, una de las teorías básicas de la radiofórmula habla de esa repetición. Cuando tú escuchas una canción innumerables veces, tu cerebro la procesa como conocida. Incluso, al cabo de un tiempo, te sabes la letra o la tarareas casi sin darte cuenta. Y ese conocimiento te produce placer, esa repetición termina por reconfortarte. Aprovecha este recurso a tu favor.

No olvides algo que bien puede resumir el mejor de los aprendizajes: no es el más talentoso el que llega, sino el que más constante es, quien más se lo curra y, en consecuencia, mejor comunica.

7

Olvídate de la multitarea y afina el tiro

Todos debemos enfrentarnos a la incertidumbre. Poder nadar en ella sin ahogarnos, llegar a la orilla y respirar. La vida es una suma de cambios constantes, de crisis que debemos superar y de decepciones de las que podemos sacar una valiosa lección. Siempre hay que seguir, pero no de la misma forma. El conferenciante y emprendedor Mago More me explicó un concepto interesantísimo: la *learnability*. Este neologismo que en español sería «capacidad de aprendizaje» es uno de los temas que compartimos en el pódcast y no es otra cosa que tener la habilidad de aprender continuamente para no quedarse atrás.

Ese enfoque vital es el que puede decantar la balanza hacia la fórmula del éxito. Un enfoque desde la humildad del que sabe que hay que ponerse las pilas si no quiere que las circunstancias le pasen por encima. «Cuando yo me meto en algo que me apasiona, voy a saco, aprendo todo lo que puedo», confiesa More con entusiasmo.

¿O es que crees que ya lo has aprendido todo?

Si uno no sigue formándose pierde la oportunidad de mejorar. More asegura que cada día se acuesta sabiendo algo nuevo. Es algo que no solo se lo he escuchado a él, sino que forma parte de la sabiduría popular. Eh, te aseguro que tiene todo el sentido del mundo. Es como el interés compuesto de mejorar un poquito cada día. «Yo todos los días leo, me informo y necesito irme a la cama habiendo aprendido algo. Si no he aprendido algo nuevo, me voy jodido a dormir porque lo único que he hecho ha sido trabajar», asegura More. Por tanto, si cada día mejoras en algo, al final la mejora será sustancial. Yo lo he hecho con el pódcast. Mejor luz, mejor sonido, mejor plató, mejor enfoque... La suma de todo es el (gran) resultado final. Reconozco que aquí juega un papel importante otra cosa esencial, más allá de disponer de los recursos necesarios o del trabajo en equipo, y es la fuerza de voluntad.

Ya, reconozco que fácil no es. Y todos a veces tenemos tendencia a procrastinar, a dejar las cosas para mañana, y mañana para pasado mañana. Y, así, sin parar.

En un bucle que puede terminar siendo infinito. Pero el hábito se entrena.

Aquí van algunos recursos de Mago More sobre la productividad, una de sus mayores especialidades, que espero te sean útiles.

Primero: pon el móvil en modo avión. Porque sin interrupciones serás capaz de hacer muchísimas más cosas. No hay nada peor que perder la concentración y tener que retomar el hilo. Es cierto que nuestra capacidad de atención, y más hoy en día, es más limitada por la infinidad de estímulos que hay a nuestro alrededor, como las múltiples pantallas, el *email*, el WhatsApp, las redes sociales. La mayoría de las veces no nos dicen nada importante, sino que somos nosotros mismos quienes creemos que nos estamos perdiendo alguna cosa por estar desconectados. Pues bien, desconecta. La multitarea no existe como tal, resulta inviable. Existe el foco o salirse de este por las distracciones y por su desgaste correspondiente.

Segundo: utiliza el método Pomodoro, una estrategia que consiste en trabajar por periodos. Mago More es un firme defensor de esta fórmula. Cada periodo de trabajo puede ser de veinticinco minutos: veinte minutos para estar concentradísimo en una tarea y otros cinco para descansar. Y a volver a empezar. Te puedo asegurar que funciona porque yo mismo lo he puesto en práctica. Solo me falta convertirlo en un hábito. Y ahora es cuando More sube la apuesta del consejo: él organiza el trabajo o las tareas por lotes y recomienda el Pomodoro para las cosas que no le gustan. Piénsalo, la táctica es buena. Porque vas a muerte con algo durante un periodo de tiempo muy concreto, luego descansas y vuelves a la carga. Al final, es muy probable que termines lo que querías hacer con éxito. O, al menos, logras avanzar paso a paso.

Tercero: evita las listas de todo. Sí, las listas sirven para organizarse, pero no para que la lista termine siendo un cajón de sastre inabarcable que termina llevándote a la frustración. Ves la avalancha y la avalancha te abruma. A veces tenemos tantos frentes abiertos que no sabemos por dónde empezar, qué es lo importante, y esto nos lleva a solucionarlo con la siguiente clave.

Cuarto: elige muy bien hacia dónde disparas. Igual que te puede pasar con las tareas que realizar, te pasará con las metas que quieres lograr. El camino es hacer una sola cosa, lo mejor posible, y luego seguir con otra. Puede parecer un consejo muy básico, pero muchas veces se nos olvida lo esencial. «No se puede acertar con una sola flecha a dos dianas», nos recuerda Mago More.

Quinto: entrena tu voluntad haciendo cada día algo

que no te apetezca hacer. Porque eso es lo que va a forjar tu fuerza de voluntad. «Si te acostumbras a la incomodidad vas a ser mucho más feliz», asegura. No porque lo incómodo nos satisfaga, sino porque superarlo hará que cuando vayan surgiendo imprevistos seamos más hábiles para hacerles frente. Así que si tienes la tentación de hacer lo contrario, de pasar de la incomodidad y caer en lo que verdaderamente deseamos, cuidado. Piénsatelo dos veces, o tres. Las que haga falta, pero valóralo. No seguir el impulso que te lleva a lo cómodo te ayudará a adoptar nuevos (y exitosos) hábitos.

¿Has pensado en tener tu propio proyecto?

Tal vez no estés todavía en esa fase o, en cambio, veas que se aproxima en un futuro inmediato. Mago More lo tiene claro: «Ve pagando tus facturas, pero trabaja en paralelo». Saca horas de donde puedas y monta tu proyecto invirtiendo ese tiempo. Y cuando tu proyecto te dé de comer, lánzate y haz el cambio, pero hazlo desde la formación y la responsabilidad. La primera fase te ayuda a adquirir conocimientos, mientras que la segunda evita el drama de actuar sin pensar en las consecuencias. Un mensaje para los apasionados capaces de dejarlo todo por amor a una idea: tened un plan, nada de lanzarse a lo loco. Tomar las riendas de nuestra vida significa tomarlas con firmeza, no agarrarlas de cualquier manera. Somos los conductores de nuestra existencia y debemos saber adónde dirigirnos, con decisión. Y un mensaje extra: sigue tu intuición. ¿Tienes buenas sensaciones ante una propuesta laboral? Esa corazonada es importante, haz caso a tus instintos.

8

Sé fuerte para ser sincero

Creemos más en el cómo que en el qué. Lo aclaro: nuestro cerebro es 12,5 veces más propenso a creer en los gestos que en las palabras. El dato me lo dio Teresa Baró, especialista en comunicación personal, formadora, escritora y conferenciante. «Decía Freud que es más fácil mentir con la palabra que con el gesto», asegura.

Pongamos un ejemplo práctico por el que seguro que has pasado. ¿Has dicho «te quiero» a alguien desde tu más absoluto convencimiento? Imagino que sí. Y, en cambio, ¿ese «te quiero» lo has soltado cuando no era del todo sincero? No pasa nada, no te juzgaré. Es más, seguramente, en ese momento, la otra persona también detectara que aquella confesión no era espontánea, ni con todo el sentimiento del mundo. El tono, la mirada, cómo se lo dices o en qué momento también forman parte del mensaje final y cambiar parte del significado. En general, es más difícil fingir con los gestos. Lo que pasa es que hay personas que están muy bien entrenadas para hacerlo.

Con Teresa Baró pude conversar sobre muchas vertientes de la comunicación personal y sobre cómo esta puede determinar las relaciones con los demás. La mentira fue una de ellas. «Hay personas que, desde niños, han aprendido a mentir, les ha salido bien y esto les ha dado confianza. Por lo tanto, cuando son adultos, mienten tan tranquilamente», explicó. El aprendizaje de esta charla no es, ni mucho menos, contarte qué debes hacer para mentir. No es eso. Pero sí que comprendas que en la comunicación todo es relativo. También lo es no decir la verdad. Porque el contexto cuenta muchísimo, si te encuentras en una situación extrema, si de la mentira explícita o de la ocultación depende el bienestar de otros, si diciendo la verdad vas a hacer daño... No estoy animándote a que mientas, pero sí a que reflexiones y relativices. Muchas veces mentimos porque no sabemos cómo decir las cosas con sinceridad; y en lugar de ser honestos recurrimos al engaño. Un engaño puede ser piadoso, el típico «te veo bien, tan genial como siempre», o una forma de salir de una situación incómoda, el también típico «qué rica está la cena [que has preparado con tanto esfuerzo aunque no tengas ni idea de cocinar]».

Teresa Baró me hizo pensar en algo que nos agobia bastante cuando nos comunicamos con los demás. En general, tememos decir que no, a pesar de que pueda perjudicarnos, porque no queremos decepcionar al otro o causarle ningún daño. O nos cuesta horrores dar malas noticias y las maquillamos. O lo pasamos fatal cuando tenemos que rechazar una propuesta laboral que en otro momento de nuestra vida sí aceptaríamos o no queremos quedar mal con quien ha pensado en nosotros. Estoy convencido de que te has visto en algunas de estas circunstancias. «Yo procuro decirlo casi todo en el momento oportuno, con las palabras oportunas y el tono de voz adecuado. Se le llama asertividad. Aunque normalmente no nos lo han enseñado», cuenta Baró. Así que cuando llega el momento de soltarnos o decir ese gran qué podemos sentir incomodidad, pasarnos de empáticos o sobreproteger al otro. O evitar el momento y callarnos, la cual cosa, a la larga, puede llevarnos a estallar en un futuro por haber acumulado todo lo que no decimos al respecto, o a mantenerlo en nuestro interior indefinidamente, alimentando pensamientos negativos y causándonos un malestar emocional.

Si definimos la asertividad y sabemos en qué consiste, será mucho más fácil saber cómo ponerla en práctica. La asertividad es la capacidad que tenemos para defender nuestras opiniones con firmeza. Sin ser agresivos. No se trata en decir lo que piensas arrasando con todo. Es decirlo de la mejor forma, sin dar rodeos y sin que se eternice por miedo. Es hablar sin complejos, aunque con la premisa de no generar conflictos. Porque no es querer tener la razón e imponer tus intereses por encima de los de otros. Hay personas que dicen que son sinceras siempre. Cuidado. Eso no debe confundirse con la asertividad.

Tal y como cuenta Teresa Baró, la persona asertiva es mucho más inteligente emocionalmente hablando, segura, hábil a la hora de utilizar las palabras y el lenguaje no verbal. Es una persona que sabe que los gestos cuentan y que puede distinguir cuál es el mejor momento para dar su punto de vista.

¿Ser asertivo nos conduce al éxito? Es uno de los factores que suman en la fórmula del éxito. La persona exitosa sabe elegir y tomar decisiones, salir airosa a la hora de comunicar cuestiones incómodas y gestionarlas en su relación con los demás. No siempre es fácil adoptar este papel. Seguro que te has encontrado en la situación de tener que decir algo o de querer decirlo con sinceridad, pero a sabiendas de que lo que vayas a decir afectará negativamente al otro.

Hay quien tiene que dedicarse a dar esas malas noticias. Piensa, por ejemplo, en un médico que ha de hablar con la familia de un paciente fallecido o que tiene que dar un diagnóstico complicado. Habrá quien prefiera soltarlo sin más, cometiendo el error de apresurarse. O quien opte por marcar una distancia emocional porque, de lo contrario, se vería siempre afectado. Teresa Baró también tiene experiencia en la formación de profesionales del sector sanitario. Escuchar al otro, mostrarse cercano, utilizar los gestos y las palabras adecuadas y asumir una reacción que pueda ser dolorosa es algo que se aprende y se entrena.

Dejando al margen casos concretos, hay algo común ante un momento así: una mezcla de seguridad y resistencia a la que se le añade algo que nunca está de más. «La sinceridad va siempre de la mano de la fortaleza. Tienes que ser fuerte para ser sincero. Y para recibir la sinceridad de otros», asegura Baró.

Mide tu nivel asertividad con estas diez características:

1. Sabes explicarte con claridad y sin dar rodeos innecesarios.
2. Expresas tu opinión sin necesidad de disculparte o justificarte, argumentando bien tus opiniones.

3. No dudas en poner límites a las personas que intentan abusar de tu confianza.
4. Aceptas elogios y reconocimientos sin quitarte valor.
5. Sabes decir que no a las propuestas que no te convienen.
6. Eres capaz de defender tus intereses de manera clara y honesta.
7. Sabes dar instrucciones u órdenes de forma correcta y educada.
8. Haces críticas constructivas y cuando las recibes lo haces desde la comprensión y la positividad.
9. No callas ante los comportamientos que consideras incorrectos, poco éticos o que perjudican a alguien.
10. Sabes expresar tanto tus sentimientos negativos como los positivos.

Para Teresa Baró, si estás por encima de cinco vas por el buen camino. Si no es así, calma. Se puede mejorar, lo puedes trabajar. Lo bueno es que ya sabes sobre qué cualidades.

9

Escucha activamente si quieres cambiar tu vida

Vaya por delante que lo que leerás aquí es distinto a lo que pueden haberte contado sobre comunicación. Por el pódcast pasó Juan Manuel García, conocido como Pincho, experto en comunicación no verbal y ciencias del comportamiento. Lo brutal de su trayectoria es que acumula experiencia trabajando para la Unidad Central Operativa (UCO) de la Guardia Civil, además de haberse formado en negociación de incidentes críticos y análisis del comportamiento con el FBI. Su currículum parece sacado de una peli o una serie criminal. Es también un apasionado de la neurociencia, y muchos de sus conocimientos los podemos aplicar a nuestro día a día. Pincho conoce habilidades sociales que pueden cambiar tu vida, o al menos ayudarte a mejorarla.

Él afinó el oído trabajando de camarero. Ninguna otra formación le ha aportado tanto como trabajar de cara al público. La gente le venía a contar su vida de forma natural, espontánea, sin pedirlo. Cuando le hablaron de la escucha activa, se dio cuenta de que hacía muchísimo tiempo que la ponía en práctica. Jugaba con cierta ventaja. «La gente piensa que comunicar es hablar, tener una buena oratoria y dicción, que también, pero la base es la escucha», asegura. Conozcamos bien en qué consiste.

Cuando se genera una buena escucha activa, como puede pasar en una entrevista, el entrevistado se siente cómodo y, al igual que cuando estamos a gusto con alguien, se va relajando y se deja llevar. Es entonces cuando, según Juan Manuel García, pasan muchas cosas en materia de comunicación y relaciones. «En esas circunstancias uno abandona posibles barreras, esa vigilancia que nos hace estar alerta, y puede empezar a decir cosas que de otra manera no diría. Y eso es bueno para ti porque te estoy dando información», revela. Y del mismo modo que yo estaba recibiendo esa información, también podrías tú sacarle partido a una conversación.

Pero para escuchar *bien*, hay que saber preguntar y que las preguntas sean abiertas, lo bastante como para que el otro pueda explayarse. Pincho se considera un gran preguntador. Su trabajo ha sido siempre preguntar y utilizar las técnicas para obtener información de quien tenía enfrente. Aunque, antes de preguntar, hay que observar.

Cuando quieres tener éxito o conseguir algo de alguien, todo pasa por generar confianza.

«Es muy sencillo lograrlo. Simplemente debemos tener un poco de tiempo y la capacidad para poder ver cómo está una persona y extraer información de eso», destaca. Según este experto, una vez logrado ese clima de confianza, es sorprendentemente fácil conseguir que los demás hagan las cosas que nosotros queremos que hagan, pero además lo más alucinante es que, en este proceso, ellos creerán que la decisión es suya. Como él dice, «la toman y encima les das la enhorabuena».

¿Hablamos de manipular? Más bien de psicología y, específicamente, de persuadir y sacarle partido. De seducción, incluso.

Existe una técnica que puede darte pistas y allanarte el camino si lo que quieres es seducir al otro o estar seguro de que lo has logrado. Se trata del llamado *triángulo del deseo*. Cuando alguien nos gusta o nos atrae no podemos evitar ciertas reacciones físicas. Una de ellas es el triángulo del deseo: mirar uno de sus ojos, después el otro y al final la boca. Y repetirlo. Imagínate que detectas esa señal en otra persona. Si, en un contexto de flirteo, rompes la distancia personal, avanzas un poco y la persona en cuestión no se echa hacia atrás, es porque le apetece que se rompa esa barrera personal. Esto confirmará lo que revelaba el triángulo del deseo. Solo para que lo sepas.

¿Qué más podemos desgranar sobre la importancia de generar confianza? Romper con la falsa creencia del poli bueno versus el poli malo. De hecho, lo del poli malo no funcionará, según explica Pincho. «Está comprobado que cuanto mejor es el ambiente en un interrogatorio, algo extensible a una entrevista de trabajo, mejor nos sentiremos y más facilidades tendremos para hablar», afirma. La amenaza, la tensión, nos bloquea. Es más, puede que digamos cualquier cosa y que terminemos culpándonos a nosotros mismos con tal de que se acabe ese mal trago. Y es que el miedo nos conduce a que hagamos lo que sea para salir del embrollo. Porque cuando tienes miedo o estás bajo presión lo único que quieres es salir de ahí. Entonces, mientes, tiras para adelante o te da igual todo, pero arrollas con lo que sea para dejar atrás esa incomodidad.

Nuestro cerebro quiere sobrevivir porque eso es lo más básico que hay.

En realidad, preferimos ser felices a tener razón. Esta frase le cambió la vida a Juan Manuel García y la aplica con frecuencia. Como también saber cuándo podemos tomar decisiones.

La visceralidad nos lleva al error y la calma nos lleva al éxito. Esto es algo esencial a la hora de tomar decisiones. Debemos aprovechar nuestra capacidad de análisis para saber cuáles son los pros y los contras. La inmediatez no nos permite llegar a la calma. Darnos tiempo es otra de las claves para optar por el camino más idóneo, para convencernos de que vamos bien. Precipitarse nunca es bueno y más cuando notamos que las emociones nos desbordan. Cuando nuestro perfil emocional está muy alto, el lógico está muy bajo. Nunca prometas nada a nadie, ni siquiera a ti mismo, cuando estés muy contento ni decidas nada cuando estés muy enfadado. «No hagas cosas importantes o no tomes grandes decisiones cuando tu perfil emocional sea muy alto porque no es tu parte lógica la que está trabajando. Es tu pulsión», argumenta Pincho.

La eficacia de hacer una paráfrasis con las ideas

En una conversación podemos hacer una paráfrasis aprovechando las ideas desarrolladas por la otra persona. Una de las técnicas propias de la escucha activa es repetir las tres o cuatro últimas palabras de lo que te acaban de contar. Tú me puedes decir algo que te sorprendió y yo, responderte, «¿te sorprendió?». Pero si hago lo mismo con todas tus declaraciones, me cazarás. Hay que tener cuidado con abusar, porque el otro puede darse cuenta. En cambio, si yo te digo, «claro, te generó un golpe emocional» y me callo dejando espacio al silencio, no te darás cuenta de que estoy utilizando una estrategia. Habré hecho lo mismo, pero con otras palabras.

10

Emprender pasa por ser auténtico

¿Cuántas veces has pensado en cambiar de vida? En buscar una nueva salida laboral, en transformar tu día a día, en pensar que, teniendo las redes sociales a tu alcance, tú también puedes crear contenido. Seguro que más de una y de dos. A pesar de que pueda parecer que cada vez más personas se dedican a ello, no es una alternativa fácil. «Ser emprendedor está muy bien, pero no es para todo el mundo. Ser creador de contenido está muy bien, pero no es para todo el mundo». Son palabras de Romuald Fons, empresario, escritor e *influencer*, fundador de la agencia BIGSEO y uno de los mejores ejemplos de lo que supone alcanzar el éxito en la red.

¿Qué puede pasar?

Que no sirvas. Porque sí, no se trata tan solo de empezar y lanzarse.

Que sirvas pero que no te guste. El clásico desengaño: «Esto no es lo que creía».

Que te guste pero no soportes la presión. Porque estarás expuesto a tu audiencia y a la que no es tu audiencia. Siempre estarán ahí.

Que haya un giro social, o de tendencia, y lo que ahora funciona, mañana deje de hacerlo.

En realidad, este texto no es para desanimarte, sino más bien para animarte a que comprendas que si quieres emprender deberás tener en cuenta más de una cosa. Las reflexiones de Romuald Fons en *La fórmula del éxito* pueden servirte si eres de los que creen que se puede ganar dinero y vivir de la creación de contenido. Empecemos.

Para generar una comunidad necesitas tener algo que decir y saber cómo decirlo.

> Me encuentro a mucha gente que sabe decir las cosas, que es muy graciosa y que se creen que con eso ya lo tienen solucionado. Y no. Tienes que aportar algo, tienes que decir algo que no haya dicho alguien antes, tienes que tener un conocimiento de algo.

Piénsatelo si no vas a decir nada nuevo. Piensa bien en qué puedes aportar (de valor) a los demás. ¿Que no tienes nada pero quieres hacerlo? Fórmate antes. Añade: «En tres años, si dedicas dos a aprender algo y uno a comunicar, llegarás mucho más lejos que en tres repitiendo lo mismo que hacen todos, por muy bien que comuniques».

Si lo que dices cuenta, tu forma de decirlo también. La originalidad no solo es un punto a favor, sino también el camino. «Trabájala o encuentra una forma de comunicar diferente. No hace falta que seas una persona energética, no hace falta que tengas una fluidez brutal. Lo que tienes que hacer es comunicar de forma que conecte con la gente», asegura Fons. La autenticidad es esencial. Si no eres auténtico, ahí está el primer error. Y debes serlo mientras comunicas. Hay infinidad de maneras de hacerlo pero solo una que sea tuya. Y esta idea de Romuald Fons es compartida por muchos otros expertos exitosos que han pasado por el pódcast.

Invierte tiempo y empeño en el proceso. Debes estudiarte a ti mismo para saber qué funciona y qué no. Hay que encontrar el camino propio. «Te tienes que poner delante de la cámara, ver lo que haces bien, lo que haces mal. Muchas veces ese proceso es arduo», cuenta. De hecho, hay personas que se sienten incómodas y que al poco tiempo lo dejan, y otras que superan ese bache inicial.

Cuidado con hacer un *all-in*. ¿Dejarlo todo y centrarse en tu nuevo proyecto es la solución? Romuald Fons aconseja mantener el trabajo y estirar el tiempo de tu día a día. Lo ideal sería tener un trabajo que te permita tener horas por delante para tu nuevo proyecto. Según él, con cuatro horas al día tienes más que suficiente para empezar. Si sigues adelante, irás pasando por diversas etapas y crecerás.

Centrarse en un nicho es mucho más inteligente para crear comunidad y negocio. De nuevo, poner el foco en algo concreto, en tu especialidad, haciéndote una autoridad en la materia. Para Romuald, el hecho de intentar ir al *mainstream* no tiene sentido. Todo el mundo puede opinar de cualquier cosa, ¿no es así? Desenfocarse es un riesgo, al igual que estar en mil jardines hablando de todo lo que se precie. O captar al personal con algo ajeno a ti, aprovechando la ola del momento. «Mucha gente puede estar interesada en ese vídeo viral que has hecho, en esos contenidos, y cuando les hablas de lo que es el *core* de lo que tú haces o de tu negocio o de lo que sea, eso ya no les gusta. Y ya hay un rechazo», asegura. Tal y como explica, en lo que más nos fijamos y a lo que las redes sociales dan más exposición es al bombazo, a quien ha hecho un vídeo y tiene tres millones de visualizaciones. Estupendo. «A ver dónde estará esa persona de aquí a tres años. Eso no es hacer carrera. Y si estamos hablando de que sea tu trabajo, más vale que generes algo duradero», argumenta. Los fuegos artificiales son un espectáculo que nadie quiere perderse, pero son efímeros y puntuales.

Ponerte a ello. Hacer y no posponer. Dejar de lado las excusas. Si quieres hacerlo, puedes comenzar. Te saldrá mejor o peor, pero no te saldrá si no empiezas, será imposible si cada día dices que lo harás mañana. «Yo no hice ningún curso de SEO. Yo no tenía ni puñetera idea. Hay mucha gente que conozco que ha conseguido lo que socialmente se entiende como éxito. Lo que ha hecho es moverse, tío. Tomar una decisión. Y trabajar», apunta Fons.

Hay que asumir que los resultados no llegan ni en un día, ni en dos. Hay que acumular días y contenido. Recuerda: primero tienes que poder decir algo y después saber cómo decirlo.

11

El algoritmo es tu amigo, aprovéchalo

Una de las creencias tecnológicas más extendidas es entender el algoritmo como un ente oscuro, dominador e indescifrable. Sí, tiene sus secretos, pero son menos espectaculares de lo que nos imaginamos. Guille Collado trabajó como estratega creativo para TikTok y ahora enseña a los demás a destacar en las redes sociales y aportó luz en mi pódcast. «La gente le tiene mucho miedo al algoritmo y lo culpa de muchas cosas. Al final somos humanos y es mucho más fácil culpar a alguien de nuestros errores o de nuestra falta de éxito que ver lo que está pasando realmente», asegura. Relax, porque no te odia ni tiene como objetivo fastidiarte.

En realidad, el algoritmo es pura matemática. Es una inteligencia artificial que tiene que cumplir unos objetivos definidos.

El algoritmo quiere mostrarte el contenido que más te va a gustar y que más valor te va a aportar. Es decir, el algoritmo es mi amigo, porque me va a mostrar lo que yo quiero ver. Si eres audiencia, es tu mejor colega. Si eres creador, puede ser tu mejor colega o que te toque un poco las narices.

Y ¿qué es lo que quiere nuestro amigo el algoritmo? Tal y como explica Guille, el fin de cualquier algoritmo, ya sea de TikTok o Instagram, es que la plataforma sea tan relevante que la gente pase mucho tiempo dentro. Y que los anunciantes paguen mucho dinero para que toda su audiencia reciba el impacto de sus anuncios. «No tiene tanta magia como la gente piensa», puntualiza. Aunque la cosa se pone fea cuando la gente se queda menos tiempo viendo la pantalla. Entonces el algoritmo te penalizará. Si consigues con tu contenido que la gente pase más tiempo en la plataforma, maravilloso. Pero si te vienes arriba demasiado rápido, publicas a diario sacrificando calidad y eso no engancha al personal, el algoritmo te dará un toque. Dejará de ser el colega que te acompaña hasta el fin del mundo.

Los mensajes de Guille Collado van destinados, sobre todo, a quien ha hecho de redes sociales como TikTok e Instagram su ámbito laboral. Escucharlo es como encontrar pepitas de oro en una mina. Voy a desgranar para ti cada una de esas pepitas.

Calidad frente a cantidad. La gente suele hablar del gancho mágico, el modelo de edición que funciona, pero nada de eso dará frutos si no aportas valor a la audiencia. «Si quieres publicar un vídeo al día, tienes que sacrificar muchísima calidad. Y si no aportas valor... ¿De qué te sirve publicar un vídeo al día?», remarca. Por tanto, si no aportas valor, aunque tengas el mejor gancho, no llegarás lejos. Porque seguramente retengas al público durante unos segundos, pocos, y luego te abandonarán.
La naturalidad es un punto a favor. Lo que huele demasiado a anuncio genera rechazo. Guille ha trabajado con muchas marcas, y admite que les suele costar cambiar ese lenguaje tan tradicional. A todos sus clientes les obliga a grabarse con un móvil. Porque transmite más naturalidad. No hay trampa ni cartón.
Empezar en redes sociales es gratis. La gente está acostumbrada a aprender, inspirarse o entretenerse dentro de una plataforma como TikTok e Instagram. Guille se graba a sí mismo con una cámara porque le encanta el *filmmaking,* pero no se necesitan grandes medios. Nunca ha sido tan fácil como ahora conectar con personas de todo el mundo y crear una comunidad.
Olvídate de los atajos. Guille viene del mundo del deporte. «Tú no consigues sacar a 200 por hora si no has hecho 2.200 saques en una pista tú solo. Entonces, no puedes crecer en redes

sociales porque utilices un gancho o porque cambies la configuración de no sé qué», asegura. Es más, los atajos en las redes sociales no suelen llevarnos al mejor destino. Este experto lo remarca una y otra vez: vas a perder más tiempo buscando atajos que parándote y haciendo las cosas bien desde el principio.

Analiza. Mira los vídeos que no te funcionan, mira los vídeos de otras personas de tu sector que están funcionando y compara, analiza... Y echa un vistazo a tus métricas. Las matemáticas nos dan pistas, los números no engañan. Si en tus métricas te pone que la retención de la audiencia cae en picado en los primeros segundos, tendrás que trabajar para evitarlo.

Preocúpate y cúrrate tu imagen de marca, quién eres, cómo hacerte identificable al instante y distinto al resto. Si es que ya no se trata de que un vídeo sea viral, sino de que lo seas tú. «Eso no tiene que ver con tener un millón de seguidores. Que tú seas viral es que seas tan reconocible que en tus primeros segundos la gente diga: Uri. O que la gente diga: Guille. ¿Y eso cómo se hace? Trabajando muy bien tu imagen de marca», me contó.

Cuida la esencia de tu mensaje. Trabajar la idea, madurarla, saber bien qué quieres contar, el guion... y luego escribirlo. En menor medida, grabarte, pero yendo ya a tiro hecho, probando diversos planos pero ejecutando bien el mensaje y el texto que has preparado previamente, y luego, editar. Respeta los tiempos, sobre todo los iniciales, los de la idea y el significado de tu contenido. Porque guionizar rápido no te llevará al éxito. Hay que aportar valor. Y, por descontado, todo este proceso será mucho más gratificante si te dedicas a hacer lo que verdaderamente deseas hacer. Tienes que mirarte adentro. Guille me puso un ejemplo: personas que eligen carreras en función de las que más salidas tienen. ¿Y luego qué tienen? Una vida infeliz, dedicándose a diario a algo que no les gusta. Pregúntate qué es lo que te mueve. Hacer de tu pasión tu propuesta de valor en las redes sociales es una garantía de éxito.

12

Podemos dominar nuestro cerebro y transformarlo para una vida plena

Vivimos con un cerebro al que no le importa la verdad. Estamos todo el tiempo viendo ilusiones, pero lo único que le importa al cerebro es la coherencia. En realidad, nadie tiene la culpa de la forma en la que funciona, pero sí que somos responsables de cómo lo usamos.

David del Rosario, doctor en Neurociencias, se dedica desde hace unos quince años a investigar el cerebro. Su obsesión es que esa información que saca del laboratorio tenga una capacidad transformadora en nuestro día a día. Para él, «hay algo que es urgente y es conocerse, es dejar de ser auténticos desconocidos para nosotros mismos». ¿Qué herramientas tenemos para cambiarlo? Lo primero es empezar a ver qué ocurre en nuestra vida si dejamos de relacionarnos con nuestros pensamientos como si fueran hechos. ¿Te sorprende? Pues todavía hay más.

David explica que hay un contexto externo, que es lo que nos pasa, y un contexto interno, que es lo que define cómo lo vivimos. Internamente están las cosas que percibimos, sentimos, pensamos. «Ahí es donde podemos arremangarnos y ponernos a trabajar. Porque el contexto interno nos permite asumir la responsabilidad de lo que ocurre y el contexto externo siempre nos lleva a culpar a los demás de lo que sentimos, pensamos y percibimos», asegura.

Para él no se trata tanto de que sepamos cómo ser felices, sino de cómo comportarnos de manera coherente. Porque muchas veces las cosas no suceden fuera, sino dentro de nosotros.

El cerebro humano es una herramienta predictiva.

> No ve el mundo, lo imagina todo el tiempo. Si ese error, que se llama error de predicción, es aceptable, es lo suficientemente pequeño, nuestro cerebro acepta pulpo como animal de compañía. Estamos todo el tiempo viendo imaginaciones cognitivas que influyen en nuestra percepción, en nuestros pensamientos, en nuestras sensaciones y caemos en la trampa. Porque son coherentes entre sí. Nosotros tenemos la sensación de que eso es veraz.

Pero esa verdad no es tal.

Nuestro cerebro intenta solucionar cosas en lugar de buscar la realidad de las cosas. Todos tenemos nuestra imagen mental. Yo me veo capaz de hacer ciertas cosas e incapaz de hacer muchas otras. Por ejemplo, me vi capaz de poder empezar un pódcast como *La fórmula del éxito*. Cuando empecé con las entrevistas no tenía nada, pero yo me veía capaz de poder llegar a lo que tengo ahora, un equipo tan potente a mi lado, un estudio brutal, entrevistados de primerísimo nivel y una audiencia que nos ha hecho llegar a ser el pódcast número uno en Spotify. Pero ¿cómo nuestra mente nos ayuda o nos sabotea? «Lo primero es que tenemos que tomar conciencia de que nuestro cerebro está todo el tiempo tratando de solucionar los problemas que nosotros mismos hemos creado a través de esas imágenes mentales», explica. No nos damos cuenta, pero nos creamos problemas imaginarios y luego nos ponemos sobre las espaldas el deber de tratar de resolverlos. Nos pasa a todos. Normalmente, destinamos muchísima energía en tratar de cambiar a los demás, pensando que el camino es ese, pero nos olvidamos de cómo funciona nuestro cerebro.

Los problemas están más en mis expectativas, en mis imágenes mentales felices de las cosas, que realmente en esa realidad coherente que yo percibo, pero no veraz. Ahí podré dar un paso atrás y hacerme responsable de lo que pienso acerca de una situación y, por lo tanto, haciéndome responsable de ese pensamiento y me haré también responsable de lo que siento.

Del Rosario habla de dejar en paz a nuestro cerebro, algo que me llamó mucho la atención cuando lo escuché. Lo dice porque «es con diferencia el órgano que más llevamos a rajatabla, al que más le exigimos, al que más le pedimos. Me encuentro a mucha gente queriendo hacer sus pensamientos más positivos o no queriendo sentir *esto*». Tratamos de dominarlo sin entenderlo.

Cuando nuestros pensamientos nos atrapan, cuando no podemos pensar en nada más que lo que tenemos en la cabeza… Es la imagen de un cerebro andante. Yo he sentido un dolor indescriptible y punzante con la muerte de mi padre. Es un dolor que está dentro de ti y que no puedes gestionar. Pero ese dolor va cambiando y se van generando otro tipo de sensaciones, recuerdos, vas soltando unas cosas y quedándote con otras. Pero el gran pensamiento, la mayor exigencia que le hacemos al cerebro, es dejar de sentir ese dolor. Y no se puede. Uno tiene la esperanza de que pase el tiempo para poder comenzar a asimilar esa pérdida que nos lleva a una nueva realidad. Esperamos ver cómo todo va encajando en un mismo tablero pero con diferentes piezas. David recomienda parar y observar.

> Si te paras dentro de esa situación, te das cuenta de que la pérdida es un momento de mucha intensidad, donde se remueven muchas cosas, donde te ves traspasado por esa situación. Y vas viendo poco a poco que, conforme se va alejando temporalmente, esa sensación perdura. Y si te sigue doliendo es porque hay algo en tu mente, en tu campo cognitivo, que sigue manteniendo esa situación en el tiempo. Eso es lo que llamamos un recuerdo. Y tomando conciencia de ese recuerdo, puedo empezar a asumir la responsabilidad de lo que pienso.

Al final, no hay nada que gestionar, sino que hay algo que debemos reconocer. Los pensamientos bonitos nos llevan a sensaciones bonitas. Los pensamientos nostálgicos nos llevan a la nostalgia. Y los recuerdos dolorosos, ya sabemos a dónde nos llevan.

Los principios sobre nuestro cerebro —y lecciones de vida—, por David del Rosario

Somos unos auténticos desconocidos para nosotros mismos. Y la neurociencia nos puede ayudar, un poco, a enfocarnos en lo importante. La conciencia es vida.

El miedo es el motor de nuestro día a día. Detrás de nuestros objetivos, escondemos el miedo a que ciertas situaciones de vida se sigan produciendo.

La gran mayoría de las respuestas al estrés tienen el origen en nuestros pensamientos de miedo. Ese contexto interno, sí que lo podemos asumir, sí que podemos responsabilizarnos de él. No podemos cambiar a los demás o lo que pensamos. Pero sí que podemos cambiar la forma de relacionarnos con nuestros pensamientos.

Si ponemos en un lado de la balanza lo que pensamos y en el otro lado lo que sentimos, podremos obtener la perspectiva completa.

Cuando reconocemos la conexión entre lo que pensamos y lo que sentimos, liberamos a los demás de la responsabilidad de lo que sentimos nosotros mismos.

Prestar atención a los pensamientos es algo sobre lo que nadie tiene que hacer ningún tipo de esfuerzo, porque lo hacemos constantemente sin darnos cuenta. Pero debemos ponerle conciencia a ese gesto y cuando veamos un pensamiento, decirle: «Este pensamiento solo es una posibilidad».

Si queremos ser más felices, tener más éxito, primero tenemos que conocernos. Y si estamos todo el rato intentando cambiar, no lo vamos a conseguir. Nos convertiremos en algo inestable. Tenemos que permitirnos ser tal y como somos, reconocer que pensamos así, sentir lo que sentimos, y a partir de ahí, ir de la mano con nuestros pensamientos y emociones.

El miedo y la confianza utilizan las mismas redes neuronales para funcionar. No es que tengamos un área para el miedo y un área para la confianza, sino que son las dos caras de la misma moneda. En cada situación debemos elegir si temer o confiar. Cuando tememos, desconectamos de nuestro sentir.

La sincronía cerebral nos permite conectarnos con los demás y acceder a espacios mentales a los que no podríamos acceder individualmente.

La vida no es una frase o un objetivo que se deba perseguir. La vida es un continuo aprendizaje. La vida está para que probemos, para que nos enamoremos, para que la caguemos. Está para todo ese tipo de cosas. Pero como tenemos miedo a cagarla... Pensamos que el miedo nos protege, pero el factor de protección del miedo es cero.

Cuando cambia la percepción, el problema cambia.

Las emociones negativas no nos enferman. Nos enferma la indisposición a sentir.

La gente tóxica no existe. ¿Qué pensamiento estás proyectando sobre esa persona? Porque esa persona que pensamos que es tóxica será el amor de la vida para otra o le ha salvado la vida a otro. Entonces, asumamos lo que pensamos. Decimos: «No, hay que huir de la gente tóxica». Pero ¿cómo podemos huir de nuestros propios pensamientos tóxicos si no los aceptamos, si no los abrazamos, si no los vemos?

La honestidad, tanto con nosotros mismos como con los demás, puede transformar nuestra experiencia de vida.

13

Fortalece tu autoestima sin olvidar todos los eslabones

Silvia Olmedo es una de las psicólogas en lengua hispana más grandes del mundo, que más sabe sobre relaciones, sobre *mindset* y sobre cómo debemos afrontar la vida que nos ha tocado vivir. La charla que compartimos fue un cúmulo de verdades, de las que valen para cultivar la autoestima y mejorar las relaciones personales, también las sexuales.

La primera lección que me dejó fue que, en realidad, aceptar no significa conformarse. «Hasta que nosotros no aceptamos ese país, esa situación, esa relación, estamos perdiendo un tiempo vital en construirnos, en reinventarnos», sostiene una especialista que ha vivido en infinidad de países y ha sumado muchísimas experiencias vitales. Según Silvia, de entrada, hay que aceptar lo que hay, porque para estar en el mundo hay que tratar de comprender.

Eso no tiene que ver con conformarse, sino con ponerse el traje de la adaptación, lo que nos llevará a ser más flexibles.

A ella, cuando habla de autoestima, le gusta abordarla desde varias facetas de nuestra vida. Puede haber una autoestima intelectual, otra física y también una emocional. La clave es fortalecerla en todos los ámbitos. De lo contrario corremos el riesgo de no prestar atención al eslabón más débil. Y puede pasar que ese eslabón termine por romperse. Me encantó charlar con ella, porque por entonces llevaba varios días pensando en el concepto del «no» y llegué a la conclusión de que muchas veces decir que no te acerca mucho más a los síes que quieres conseguir. Lo reconozco: me cuesta mucho decir que no.

> Ser asertivo es muy duro, es muy difícil. Sobre todo si eres una persona muy sensible. Y, entonces, cuando eres muy sensible, estás pensando más en lo que va a sentir la otra persona que en lo que sientes tú y al final tú acabas cargando con todo. Yo diría que tú sufres más que el resto [...] Aprender a ser asertivo, sin perder tu empatía, es muy importante. Creo que hay que dar explicaciones cuando dices que no para que la otra persona no lo vea como un rechazo, sino como «Te escucho. Sé lo que quieres. Este es mi punto de vista. Así me siento. Y por eso prefiero no hacerlo».

La asertividad también guarda relación con las ideas limitantes. Con creencias que marcan nuestro comportamiento, nuestra visión de las cosas y el modo en que nos relacionamos con los demás, pero también la manera en la que nos vemos a nosotros mismos.

> Para mí, la pieza más importante de la psicología es una idea limitante, una idea que tú no cuestionas y se vuelve dogma de vida. Yo me acuerdo de que a mí de niña me dijeron o eres buena madre o eres buen profesional, pero no puedes ser las dos. Y muchas mujeres tenemos esa idea limitante.

Para mí, un dogma de fe o una idea limitante es: «Trabaja un montón, dedícate a saco a tu proyecto, no duermas, levántate a las cinco de la mañana, haz baños de agua fría, medita...». Todo lo que vemos en Instagram, todas esas cosas de CEO superultraproductivos y no sé qué nos llevan, como en una carrera de la rata, a hacer lo mismo. Cuando lo compartí con ella, Silvia lo tuvo clarísimo: ella cuestiona a esta gran mayoría y el contenido de sus mensajes.

> Tengo comprobado que todos estos han copiado. Las reglas que se dan, sobre todo en las iglesias protestantes de los

preachers, las están aplicando a Instagram. Si no eres el número uno, no eres nada. Eso es *bullshitería* barata. Si tú analizas los casos de grandes éxitos, la gran mayoría en su vida personal tienen problemas.

14

La buena suerte no se busca, se cultiva

Todos tenemos alguna ventana rota y, si queremos transformarnos, debemos reparar esas áreas de nuestra vida más descuidadas. Porque, de lo contrario, emitirán un mensaje negativo: que no nos importan y que, en consecuencia, el mundo puede hacer lo que quiera con ellas. Este es uno de los principios clave de la transformación personal que el escritor y mentor en liderazgo Álex Rovira me ofreció en una charla reveladora y repleta de pautas poderosísimas.

Yo que tú tomaría nota.

Álex defiende un modelo de desarrollo personal que se basa en cinco elementos imprescindibles: la actitud, el conocimiento, la habilidad, el compromiso y la ética. «La fórmula del éxito tiene que ver con la integración de esas cinco dimensiones. Amar y querer, aprender y saber. Hacer y poder, crear y legar con ética», afirma.

Si deseamos crecer, si queremos avanzar, debemos *hacer* y no esperar. «El lenguaje de la realidad es la acción: no es la intención, no es el deseo, no es la creencia, es la acción. Y tú eres lo que haces para mejorar lo que eres constantemente», asegura. Si actúas, te equivocarás, pero la clave está en no castigarse y aprender de ello: así, podrás mejorar e ir creciendo como persona.

> Y entonces no solo tendrás la actitud, el conocimiento y la habilidad, sino que llegarás a la cuarta variable, que es el compromiso, es decir, poner tu vida al servicio del mundo. Y luego vendría la ética: querer hacer las cosas bien sin perjudicar a nadie, basándote en el respeto al otro y en la integridad.

En el camino de la transformación, para poder comprendernos, podemos hacernos tres preguntas clave: «¿qué no quiero?», «¿qué necesito?» y «¿qué quiero?». Álex cuenta que muchas personas a las que ha acompañado siguen esta secuencia. Se trata de una herramienta que puede servir para cribar, reflexionar y conectar el pensamiento con las emociones y la acción. Y es una herramienta muy útil cuando nos sentimos absolutamente perdidos. Por tanto, estas preguntas pueden actuar como una brújula vital. Y para ello recomienda ponerlo sobre papel, ya que nos ayuda a aterrizar los pensamientos y a darles ese viso de realidad.

Coge una hoja y divídela en tres columnas. Pon «qué no quiero» en la primera, «qué necesito», en la segunda y «qué quiero» en la tercera. Y escribe, porque escribir es cribar.

> El pensamiento tiende a ser errático y cuando tú escribes lo congelas, ya no se puede mover. Lo puedes mirar y, al poderlo mirar, puedes comprenderlo mucho mejor. Y la clave para transformar es comprender. Sin comprensión, es muy difícil la transformación y la mejora.

A Álex le apasiona compartir herramientas útiles para que las personas puedan tener elementos tanto de reflexión como de acción que les ayuden a vivir su vida deseada. Esa es su vocación. Ha escrito bastantes libros, de los cuales *La buena suerte* (reeditado por Zenith, 2019) es el más conocido, un fenómeno internacional que más de dos décadas después de su publicación sigue estando de actualidad.

Para él, la buena suerte no es algo que nos encontramos o sobre lo que no tenemos ninguna capacidad de influencia. Todo lo contrario. Lo que él llama *las semillas de la buena suerte* son valores que, cuando los integramos en la acción, se convierten en virtudes. Valores como el coraje, la responsabilidad, el propósito, la humildad, la confianza, la entrega, el civismo, la cooperación o la empatía. Aunque inicialmente esos valores puedan ser vistos como una meta, terminan formando parte de nosotros mismos.

> En la medida en que tú vas haciendo, esos valores los vas integrando en ti. «Somos lo que hacemos para cambiar lo que somos», dice Eduardo Galeano. Ese valor que está en el horizonte se va acercando, y se convierte en tu ADN espiritual, emocional, mental; en tu actitud, en tu fuerza, en tu poder. Y cuando ya los tienes dentro, son virtudes. Y esas virtudes en acción son el talento. Y esa es la buena suerte.

Tú y yo sabemos que puede haber obstáculos, desde el miedo al fracaso hasta la autoexigencia propia del perfeccionismo, que pueden llevarnos a la inacción. Incluso a sentirnos bloqueados por circunstancias inesperadas. Pero Álex entiende la vida desde una perspectiva de abundancia, no de escasez. Y es que la abundancia guarda relación con lo valioso que nos resulta poder escoger, lo cual nos lleva a actuar, a tomar las riendas de nuestra existencia. Ver la vida desde la escasez nos aboca al pesimismo, a limitarnos a observarla pasar.

Si actuamos, podemos acertar o equivocarnos, pero tras el error vendrá el aprendizaje. El que nada hace, nada avanza. Y es que todo lo que hacemos cuesta algo: sacrificio, esfuerzo, discusiones..., pero renunciar a la capacidad de decidir es lo que termina saliendo más caro.

> Porque cuando tú no eliges, estás descartando infinitas posibilidades. Sé que decir esto puede tocar las narices a alguien, pero, en realidad, el pesimista tiende a no hacer. Mientras que el optimista no es el idiota ingenuo que dice que todo irá bien. No, el optimista bien entendido es un realista práctico que tiene los pies en el suelo, pero la cabeza en las estrellas.

Para Álex, no hay excusas para la inacción cuando a nuestro alrededor tenemos tantas oportunidades o, al menos, posibles elecciones, incluso en la adversidad.

> Decía Rumi, el poeta, que por la herida es por donde entra la luz. Pero yo creo que esa frase tiene una segunda parte: es por la herida por donde sale la luz. El azar reparte las cartas,

pero tú las juegas. Y esa es la clave. Esa es la diferencia entre la suerte y la buena suerte.

A lo largo del juego de la vida, no hay nada como contar con la sabiduría superadora.

La sabiduría es el arte de distinguir lo que puedes cambiar de lo que no puedes cambiar. Si lo puedes cambiar, cámbialo. Ahora bien, si no lo puedes cambiar, tampoco te preocupes. Solo hay una puerta, que es la aceptación. Pero aceptar no es resignarse.

Imaginemos que estamos en una relación y la persona a la que queremos nos dice que ya no nos quiere. Como es evidente, no podemos cambiar lo que no nos pertenece. ¿Qué nos queda? Podrías cabrearte, intentar manipular al otro o sumirte en la negación, pero la opción más sabia, la que te permite superar ese obstáculo, es la aceptación. «Es decir: "bueno, te deseo lo mejor, gracias por lo vivido, sigo mi camino, me libero, te libero". Es como una integración», ejemplifica.

Para él, la vida no está diseñada para hacernos felices, sino para ponernos desafíos. Mientras los resolvemos viviremos momentos de felicidad, de alegría, de plenitud o de sentido, pero también puede que experimentemos momentos emocionalmente difíciles. Nos ha pasado a todos y nos seguirá pasando.

Estamos en un proceso. La realidad es un espejo de todos los procesos internos. Por eso, en la medida en que una persona cambia, madura, cambia su realidad completamente. La clave está en darse cuenta de que no puede haber transformación exterior si no hay una profunda transformación interior. Y que lo exterior se modificará natural y orgánicamente en la medida que tú te transformes interiormente. El enemigo siempre es interior. El poder siempre es interior, tanto en la sombra como en la luz.

No prediques porque te están mirando

Para Álex Rovira, para ejercer liderazgo como pedagogía hay que partir de una premisa: «no prediques, te están mirando. Las cosas no se dicen, se hacen, y cuando las haces, las dices solas». Si el lenguaje de la realidad es la acción, el lenguaje de la formación es el ejemplo. El que envidia está admirando, pero como no quiere movilizarse, en lugar de alcanzar lo que admira, desea destruirlo y suprimir así su carencia. El camino de la envidia solo puede llevarte a destruir a los demás y a ti mismo;

admirar desde la acción, en cambio, es lo que te va a permitir crecer. Y a la hora de liderar, Álex lo tiene claro: «Para mí, liderar es servir. Si te fijas en la secuencia de la manada, el alfa de los lobos no va delante, sino que va detrás, mirando que todos estén bien. Porque él es fuerte, pero, sobre todo, es sagaz y pacificador». Si quieres ser un líder, debes cuidar a tu gente.

15

Persigue tu propósito en la vida

El sentido de la vida y el éxito pasa por tener un propósito, un motivo por el que levantarnos por la mañana y que, según el escritor y especialista en crecimiento personal Francesc Miralles, es el impulso de los mejores proyectos empresariales, creativos e intelectuales. Es lo que nos pone en marcha. Ese propósito vital recibe el nombre de Ikigai, una palabra japonesa que significa *razón de ser,* y que en su esencia está formado por cuatro círculos interconectados.

¿Cuáles son las características de cada uno de ellos? Los analizamos.

El primero es la pasión o lo que amas hacer. El primer paso para una empresa de éxito, ya sea personal o corporativa, es que a ti te apasione.

El segundo es aquello en lo que eres bueno.

El tercero es que sea monetizable, aquello por lo que pueden pagarte.

El cuarto es lo que el mundo necesita, que tenga una utilidad para la humanidad si nos ponemos un poco más trascendentales.

Vamos a cuadrar toda la explicación. Imagínate que llevas a cabo un proyecto basado en tu Ikigai. Significa que estás haciendo aquello que te gusta, desde tu propio talento, que forma parte de tu profesión y que obedece o cubre una necesidad que tiene el mundo. Felicidades, porque has cumplido con los cuatro círculos del Ikigai. Ahora bien, si no es así, calma.

«Los Ikigais poderosos son aquellos que se basan en el pensamiento a medio plazo, no en algo que voy a hacer mañana, sino en decir dónde quiero estar de aquí cinco años, qué es lo que quiero aportar y qué necesito para esta andadura», cuenta Francesc Miralles. Y es que, al igual que un árbol necesita lo suyo para crecer y madurar, los proyectos también requieren su tiempo. Pero si se siguen haciendo con ilusión, crecen exponencialmente. Si te retiras nada más empezar, nunca vas a saber qué podría haber pasado.

¿El camino del Ikigai es igual para todo el mundo? No, porque no todo el mundo triunfa de la misma manera.

Hay quien pica piedra, insistiendo en una vía hasta lograrlo, o quien prueba de todo para ver qué funciona, es decir, siguiendo el modelo de Richard Branson, el fundador de Virgin. ¿Cuál ha sido el secreto de Branson, al que tuve el privilegio de entrevistar? Lanzarse e intentar centenares de negocios. La mayoría han fracasado, pero, tal y como me contó Francesc Miralles, si juegas a la ruleta todo el día, al final te tocará. Hay personas curiosas con muchos puntos de interés, como Branson. Yo me reconozco en ese modelo. En el de personalidades renacentistas (de verdad que se dice así), personas que necesitan probar y experimentar. Aunque eso no significa dejar los proyectos a medias. Se trata de probar, darse la oportunidad de avanzar un poco, y ver hasta dónde se llega. Ojo, no hablo de invertir monetariamente hablando. Me refiero a que puede que tengas clarísima tu motivación y luches por ella a destajo o que necesites aclararte todavía pero no por ello te vayas a quedar de brazos cruzados, sino que buscarás constantemente. Es decir, modelo Branson pero sin ser millonario.

Lo que sí debes saber es que todos tenemos algo en común: todos somos creativos, solo que no siempre somos conscientes de ello. Hay personas que se empeñan en seguir solo un camino, aunque no les guste, pero dentro de cada persona, según Miralles, hay una especie de Picasso en potencia. Debemos atrevernos a abrir el grifo de la creatividad, la cual se puede trabajar.

> Solo hay que observar a los niños, que están todo el tiempo experimentando, jugando. Te cuentan paradojas, te hacen preguntas absurdas. Todo eso lo tenemos. Otra cosa es que lo hayamos dejado ahí, olvidado, para dedicarnos a ser hombres o mujeres de provecho.

La esencia de la creatividad está en los gestos más sencillos y, sobre todo, en pasar a la acción. Si te gusta escribir, escribe. Si te gusta cantar, canta. Si quieres tocar el piano, aprende y tócalo. Si la fotografía te encanta, haz fotos. ¿A qué esperas? Además, brotarán ideas nuevas cuando te dediques a esa pasión. Porque los caminos de la creatividad son inescrutables, querido lector.

Descubre cuál es tu Ikigai

Para saberlo se deben seguir diversos pasos. Primero, saber quién eres, porque solo si sabes quién eres, sabrás qué es lo que te gusta y en qué eres bueno, cuáles son tus talentos.

Así que deja a un lado el móvil y siéntate un rato a tomarte un café contigo mismo.

Una vez que has completado esa fase de autoconocimiento puedes elegir qué es lo que más te gusta y crees que puede ser más útil para la humanidad. Ahí ya tienes un propósito vital. ¿Qué más? Ese propósito se tiene que convertir en una acción. Tiene que haber una estrategia para llevarlo a cabo, saber qué acciones vas a poner en marcha, por dónde empezar, qué necesitas aprender, cuáles van a ser tus mentores... De esta forma iniciarás un camino, aunque nunca sabrás adónde vas a llegar hasta que no completes cada una de sus etapas.

Por tanto, hay que tener cierto sentido de la aventura, salir de la zona de confort y abrir la mente a la creatividad. A veces el proyecto inicial se desvía de la idea original, va por otros derroteros y eso no es algo negativo, sino que forma parte del cambio y de la incertidumbre. Ya sabemos que todo no se puede controlar. Es la magia de la vida. Una magia que nos lleva a veces a preguntarnos «¿quién me iba a decir a mí que terminaría aquí?». Pero el Ikigai sería el punto de partida. «Igual tú te obsesionas con que quieres conseguir algo. Lo consigues y quizás no te haga feliz, y algo que sucede te descubre que lo que verdaderamente necesitabas o que tu misión en la vida era otra», explica Francesc Miralles. Yo, por ejemplo, tenía un Ikigai a los veinte años, otro a los treinta y ahora uno a los cuarenta. Pero nunca me he frenado. Una vida son muchas vidas a la vez. A Francesc también le ha pasado.

Una vez que conoces tu Ikigai, el cambio está en tu mano. Eso sí, la constancia será más que necesaria. En realidad, la constancia es un hábito en sí misma.

> Antes se decía que bastaban veintiún días para que el hábito se implantara, pero la ciencia dice que no es así exactamente. Que hay gente que puede implantarlo en una semana. Es el caso de personas muy cerebrales y disciplinadas. Otras pueden necesitar tres meses o cuatro.

Por tanto, relativiza. Tampoco hay que verse reflejado en el espejo de los demás. En ese sentido, autores como James Clear, que ha arrasado con su libro *Hábitos atómicos* (Diana, 2020), ofrecen una mirada distinta. Y esta es no intentar reproducir lo que hace otro. Porque ese hábito tal vez lo apliques un día. Pero como no viene de ti, al segundo día te vas a cansar y no lo vas a hacer. James Clear dice que lo importante es que cuando te levantes cada mañana recuerdes quién quieres ser a partir de ahora. «Primero, decide quién quieres ser y, segundo, obra en consecuencia», dice Francesc.

La gran recomendación, para ir sobre seguro a la hora de implementar un cambio o un nuevo hábito, es empezar por una sola cosa. Si te pones una lista de diez aspectos de tu vida que quieres mejorar, acabarás por no mejorar ninguno. Querer abarcar demasiado nos lleva más fácilmente a la inacción. Nos bloquearemos. La clave es abarcar lo más factible justo en este momento, elegir un objetivo que hasta ahora no hayas podido alcanzar y demostrarte a ti mismo que lo puedes hacer. Se trata de estructurar bien qué es lo que quieres conseguir en la vida y tratar de superar tus propios límites.

No es fácil pero el comienzo puede ser este: «La pregunta básica para el cambio es: ¿qué es lo que hay que hacer ahora?», sugiere Francesc Miralles. Poner el foco en el presente y… hacer rápido los duelos. Es decir, no pararse ante el primer fracaso. Que este no te frene. Tienes que mirar las cosas desde la practicidad y no anclarte en el lamento, sino centrarte en avanzar y a otra cosa. Esto tiene mucho que ver con poner el contador a cero cada día.

«Tener la mente de principiante: hacer las cosas como si no las supieras, con la ilusión como si fueran nuevas y sentir que siempre estás empezando y que siempre puedes hacerlo de una manera distinta», explica Francesc. Este enfoque nos llevará a tener una mentalidad más neutral, a aceptar lo que vaya a ocurrir, aligerando la carga emocional. Debemos darle a la vida la oportunidad de que nos sorprenda. A lo largo de ella nos pasarán muchas cosas, buenas y malas, pero habrá que ver la película completa para valorarla del todo.

Dejar un legado para los demás

«Si no hay un propósito, si no hay un para qué, ni siquiera ganar dinero tiene gracia. Muchas personas de éxito necesitan sentir que su empresa le da un significado a su vida, que le da una dirección, incluso que dejan un legado tras de sí», asegura Francesc Miralles. Él me hizo pensar en la pirámide de Maslow, que representa todas nuestras necesidades. A medida que vamos subiendo niveles, al final queremos encontrar un propósito espiritual.

Según cuenta, cuando alguien ha alcanzado el éxito, al cabo de diez, quince o veinte años quieren soltar amarras y dedicarse a la filantropía. La primera mitad de la vida es para brillar y la segunda mitad es para iluminar a los que vienen detrás. Mientras subimos la montaña hasta la madurez acumulamos objetos, experiencias, éxitos, conocimientos, amores, amistades. Luego llega el momento de enseñar a otros que son más jóvenes o que son más inexpertos para que puedan encontrar su propio camino. Todas las grandes personalidades han dedicado la última parte de su vida a devolver aquello que han recibido. «Hay un poema indio que me gusta mucho que dice que las grandes almas son como las nubes que reciben para verter. Entonces, ese sería el equilibrio entre el dar y el recibir. Ser consciente de todo lo que has recibido en la vida para luego poder darlo», afirma Francesc Miralles. Todos buscamos el éxito, la abundancia y tener una vida plena, pero una vida plena no tanto de cosas materiales, sino de experiencias emocionales, de esas cosas que nos llenan de verdad.

16

Visualiza en positivo y sin urgencias porque llegará

Si quieres ser una persona atractiva a los ojos de los demás, tienes que pensar qué puedes ofrecerles para lograrlo. Y cuando lo haces en una pareja, en un trabajo o en un negocio, las cosas empiezan a crecer. Así lo argumenta el mentor y escritor Jorge Muñoz, especialista en la ley de la atracción y la abundancia, y que también ha descifrado los principios de la cábala.

> Cuando tú no deseas nada, lo atraes todo. Cuando te da igual lo que pensarán los demás, de repente los demás te empiezan a respetar. Es decir, todo funciona a la inversa de lo que nos han enseñado. ¿Quieres que alguien te ame? Ámale tú primero.

El enfoque es revolucionario, aunque los más escépticos podrán pensar que por mucho que uno visualice tener dinero o mejorar su salud, no tiene por qué acabar sucediendo. Sin embargo, será más fácil que lo haga si seguimos cuatro pasos clave.

El primer paso es el deseo. Desear no es algo malo, sino todo lo contrario. «Todas las personas que han hecho algo grande en la vida lo han hecho porque han tenido una obsesión, han tenido un deseo ardiente», explica Jorge Muñoz. Según él, el deseo es el eje de la existencia. Antes que nada, hay que tener un deseo. Y hay que tener un deseo emocionante, tiene que ser algo increíble y potente. ¿Cómo sabemos si un deseo es bueno o malo? Dependerá de si nos acerca más a nuestro propósito vital. En mi caso, mi deseo es que el pódcast sea el número uno del mundo, y mi propósito es que, gracias a los invitados, a las entrevistas y a la información que puedo ofrecer, la gente pueda vivir mejor. Y, claro, ahora le sumo este libro que tienes en tus manos.

Ese propósito, además, es un motor siempre en funcionamiento. El cuerpo está diseñado para sobrevivir, no le importa si eres feliz o no. ¿Cómo ponemos en la balanza sobrevivir y encima vivir con un propósito? Enfocados, felices y con ganas. Lo que hacemos con propósito no nos roba energía, sino que nos la da. ¿Llega el domingo por la tarde y te da pereza solo de pensar en el lunes? ¿Levantarte por las mañanas e ir al trabajo se te hace cuesta arriba? Piénsalo. «El alma quiere un propósito y el cuerpo quiere el placer. El cuerpo quiere la gratificación instantánea, la dopamina fácil. Y hoy en día vivimos en una sociedad donde hay esta lucha entre el cuerpo y el alma», asegura Jorge.

El segundo paso es tener un plan de acción. Si no somos conscientes de que hay que hacer algo para conseguirlo, ese deseo no se dará. «Hemos de sentirnos merecedores. Hemos de sentirnos capaces. Hay que sentir que lo podemos y que lo merecemos tener. Porque todo el mundo merece tener más. Todo el mundo puede tener más. No hay nada malo en ello», explica Jorge.

El tercer paso es pensar para quién. Es decir, el deseo no debería ser egoísta.

> Los momentos de iluminación siempre salen cuando dejas de mirarte el ombligo. Todos los mentores de éxito de negocios dicen que, si tú quieres tener un negocio exitoso, si tú quieres tener una pareja exitosa, si tú quieres tener una vida exitosa, dejes de mirarte tanto a ti y empieces a mirar a los demás. Empieza a mirar qué puedes aportar al mun-

do. Empieza a preocuparte por la persona que tienes delante y empieza a aportar un valor genuino.

Cuando dejamos de estar ensimismados en el Yo, nuestra vida cobra sentido.

El cuarto paso es echar mano de la fortaleza emocional. Todos nosotros hemos tenido una idea que queremos manifestar, algo que deseamos, como una mejor relación de pareja o un mejor proyecto laboral. Pero a la hora de pasarlo por el filtro de nuestras emociones, comienzan las dudas y asoman los miedos. ¿Seré capaz? ¿Podré hacerlo? ¿Es realmente lo que necesito? Es entonces cuando habrá que demostrar que sí. Porque hay que tener entereza emocional para poder traspasar la idea a la acción.

Fueron muchas las cosas que hablamos en el pódcast. Entre ellas, en los errores de enfoque de la ley de la atracción y de la noción de la abundancia.

Uno de los errores más habituales es la procrastinación. El hecho de no actuar porque muchas veces dudamos. En realidad, el cerebro no diferencia entre pensar y hacer. Así que la visualización es extremadamente poderosa. Lo hacen los deportistas para superarse, verse capaces de conseguir esa marca deseada y por la que están trabajando. Marcar ese gol del Mundial, como hizo Andrés Iniesta, al que también tuve la oportunidad de entrevistar. Él se veía marcando y así lo hizo. Se lo imaginó millones de veces.

Otro error es evitar soñar en grande. Las personas que han tenido más éxito en el mundo no fueron realistas, no se fijaron únicamente en las propias condiciones, sino que vieron más allá. Para conseguirlo, primero se imaginaron un mundo diferente y luego tomaron acción, pero sin esa imaginación previa no habría sucedido. No hay éxito sin metas, aunque la verdadera plenitud significa aprender a ser felices en el camino.

Hay que intentar no centrarse en la posibilidad del fracaso. Jorge Muñoz recomienda que, cuando efectivamente suceda, mantengamos una visión positiva. Me explicó que el concepto de abundancia en el mundo judío viene de la palabra *shefa*, que significa «flujo» y que ellos la relacionan con un río. En el antiguo Medio Oriente, por ejemplo, en Egipto, cuando el Nilo se secaba, significaba que venía una época de escasez y cuando el Nilo se llenaba y se inundaba, significaba que venía una época de abundancia. Y debemos saber que el río se volverá a llenar.

A veces vemos nuestra cuenta del banco con poco dinero y entramos en pánico. Y cuanto más en pánico entramos, más cosas malas nos pasan. Cuanto más injusto pienso que es el mundo, más injusto es. Es una batalla que vamos a tener siempre. Tenemos que aprender a desarrollar una fortaleza mental. Y esta fortaleza mental se puede desarrollar con hábitos y en nuestro día a día. Pero lo más importante es saber muy bien que es natural fallar.

Buscar fuera nos hace caer en el error de no buscar en nuestro interior. Porque el verdadero secreto está ahí. Nadie nos dará nada más ni mejor que lo que nos demos a nosotros mismos. «El ser humano siempre está buscando cosas fuera cuando en realidad el secreto está en construir tu propia vasija, construir tu propio yo, perfeccionarte tú», revela. Todo el mundo puede llegar a su potencial. Todo el mundo puede llegar a conseguir más. Todo el mundo puede tener más dinero. Todo el mundo puede tener mejores relaciones. Todo el mundo puede tener mejores resultados. El problema principal es que la gente se enfoca en lo que quiere conseguir, en los resultados. No se trata de lo que quieres, se trata de que seas capaz de recibirlo, de convertirte en la persona que será capaz de manifestarlo.

La coherencia, la certeza y la constancia son las tres C del éxito. Coherencia tiene que ver con ser, hacer y pensar en la misma dirección. Seguro que el peor momento de tu vida ha sido cuando menos coherente has sido. Cuando pensabas cosas y no las acababas haciendo, cuando decías algo y no lo hacías. La incoherencia alimenta el caos. Pero la certeza de querer algo y mantenerse firme en esa decisión es el motor para ser constante, para trabajar independientemente del resultado, comprendiendo que la verdadera recompensa de hacer algo es hacerlo. Ahí donde se unen las tres C es donde reside el secreto del éxito. Se trata de sobreponerte a todo, incluso a los que nos dicen que no. Ese «no» es algo tan fuerte que nos puede llevar a la autodestrucción, pero podremos superarlo con fortaleza emocional. No lo olvides: trabaja desde el propósito constantemente y sé capaz de sostener tu propio éxito.

¿Cómo piensa la gente que tiene tanto éxito?

El éxito tiene un 80 % de mentalidad y un 20 % de habilidad. Al universo no le importa lo que tú quieres ni lo que deseas. No somos tan importantes. Lo realmente importante es que nos transformemos en una persona de valor para los demás y que seamos capaces de soportar los llamados ciclos de subida y de bajada. Dicho de otra forma, los momentos buenos y malos. Jorge Muñoz cree que el secreto es construir una vasija suficientemente resistente para que seamos capaces de sostener los golpes que nos dé la vida, porque nos los va a dar.

17

Encuentra la inspiración en los grandes sabios

Francesc Torralba es una gran fuente de sabiduría, alguien que ha aprovechado muy bien el tiempo y que ha sabido invertirlo en el conocimiento. Doctor en Filosofía, en Teología, en Pedagogía y en Historia del Arte. Fue la persona idónea para preguntarle por la receta de la felicidad.

Para él, la felicidad tiene tres elementos. El primer eje de la felicidad es tener un propósito, un fin que te llene, que te colme, una motivación que actúe de motor. Otro elemento clave es tener vínculos de calidad, personas con las que puedes contar y que te hacen bien. «No hay felicidad si uno está solo, aislado, y Aristóteles decía que difícilmente puedes ser feliz en el mundo sin amigos», afirma. Y el otro ingrediente es una estabilidad mínima en cuanto a confort material, es decir, tener tus necesidades cubiertas.

> No lo podemos olvidar. Si tú no sabes si vas a comer mañana, no sabes dónde vas a dormir, no sabes si tendrás trabajo, esa inestabilidad de tipo material, pues no cabe duda de que eso nos genera angustia, nos genera desazón.

Para él, la felicidad se sostiene sobre ese trípode y es una base que te permita tener una cierta estabilidad. Porque si tienes un propósito, por ejemplo, pero mantienes relaciones que son perjudiciales para ti o no todas tus necesidades materiales están cubiertas, no podrás ser plenamente feliz.

Ahora bien, si uno tiene la felicidad dentro de sí, porque se encuentra bien consigo mismo, porque tiene un propósito noble en la vida, verá el mundo de manera diferente que aquel que experimenta tristeza, desgracia o desesperación. Aunque estén en el mismo lugar, sentados en un mismo banco y observando los árboles del parque. Sus visiones serán distintas porque cada uno proyecta lo que tiene en su interior.

«Si tú tienes dentro resentimiento, vas a irradiar resentimiento. Si tienes dentro entusiasmo, irradias entusiasmo», pone como ejemplo. Así que lo que deberíamos preguntarnos es qué tenemos en nuestro interior. Seguro que te ha pasado alguna vez lo de estar con alguien que irradie luz, que solo su presencia te haga sentir bien, que te haga aprender y que te transmita un estado de ánimo muy positivo. Automáticamente querrás seguir estando con esa persona. Tal vez seas tú mismo esa persona. «En cambio, de los agujeros negros tratamos de huir, porque nos absorben, nos amargan, nos generan resentimiento, culpabilidad y en la vida ya tenemos bastante de todo esto», dice Francesc.

Lo que también tenemos son infinidad de preguntas existenciales por responder. Da igual el tiempo que pase. Generación tras generación, el ser humano se seguirá preguntando por el sentido de la vida. ¿Qué puedo esperar después de la muerte? ¿Existe Dios o no? ¿Soy libre o no? ¿Qué significa ser feliz? ¿Qué hacer con la culpa? ¿Por qué estoy en el mundo? Estas son solo algunas de las muchas cuestiones sobre las que no tenemos respuestas concluyentes.

> Lo que hay es un gran muestrario de respuestas, como un abanico. Algunas más verosímiles, otras más convincentes. Algunas más razonables, pero no tenemos una demostración matemática, como la teoría de los gases nobles, como

la ley de la gravitación universal, como la ley de la relatividad. No hay una fórmula matemática sobre el sentido de la vida. Lo que hay son vías. Y las personas que nos han precedido nos transmiten sus hallazgos.

Por eso, para él, acercarnos a grandes sabios, a ciertos nombres célebres, es una garantía, al menos, de indagar por nuestra cuenta y de reflexionar. Las teorías de grandes filósofos pueden iluminarnos, guiarnos en nuestras propias decisiones. Y por eso, dice, es tan importante leerlos: porque funcionan como brújulas vitales. «Nos ofrecen un camino. Luego tú tienes que determinar el tuyo», afirma.

El tiempo fluye, así que párate a pensar

No sé si tú te has parado demasiado a pensar en ello. Pero para mí, el tiempo es un tema capital. Me hace darle vueltas a mi propia vida y a veces me angustia. No solo por la sensación de no llegar a todo, sino por la idea de que los proyectos se acaban y que lo que me puede hacer vibrar hoy tendrá fecha de caducidad. Es ley de vida: nada dura para siempre. Quién me iba a decir que santa Teresa de Jesús y su poema *Nada te turbe* serían la respuesta de Francesc. Porque su afirmación de que todo es pasajero, también una máxima budista, me hizo pensar. Es un consuelo y, a la vez, es una manera de relativizar sobre lo malo y lo bueno de la vida, o sobre la necesidad de aprovechar un tiempo que no volverá. O de echar la vista atrás para reflexionar sobre ciertas cosas o para revivir momentos brutales.

Perdona si abro de nuevo el melón del existencialismo, pero el de Francesc fue el pódcast ideal para ponerse profundo. Ya te aviso de que no será el único.

Infancia, juventud, madurez, vejez. Y luego se acabó. Esta realidad te obliga a pensar en cómo invertir tu tiempo, ese regalo que escapa a tu voluntad.

> Hay personas que querrían vivir más y mueren a los veinticinco años. Y hay personas que hace tiempo que dicen: «Bueno, yo ya me querría ir», pero todavía están aquí. Y van pasando los días y están vegetando porque lo que quieren es irse, porque están hartos de vivir. Hablamos de una expresión que para mí da mucho que pensar que es *cansancio vital.* Personas que se han cansado de vivir.

El tema de que todo fluye nos obliga a hacer una pausa y a pensar bien qué vamos a hacer con este tiempo que tenemos por delante. La única certeza que tenemos es que, sea mucho o sea poco, se terminará.

> Kierkegaard lo dice muy bien. La muerte introduce seriedad. Y seriedad significa que te das cuenta de que esto no es un juego. Llegará un momento que no estarás. Llegará un momento que la persona que quieres no estará. Por lo tanto... cuidado. Piensa bien qué haces con ella, qué le dices, porque no habrá más oportunidad. Séneca ya se lo dice a Lucilio en una carta. No pospongas.

Qué gran fuente de sabiduría, ¿verdad?

Todos posponemos. Lo hacemos por pereza, porque precisamente esa tarea no nos apetece nada y nos motiva poquísimo, o porque creemos que podremos hacerlo después. Pero la recomendación es tener cuidado porque, en realidad, no sabemos si volveremos a tener esa oportunidad. Decir un «te quiero» a tiempo, por ejemplo. ¿Qué podemos aprender cuando nos damos cuenta de que el tiempo es limitado? Según Miralles, que no podemos dejar para más adelante aquello que queremos hacer, aquello que realmente valoramos y consideramos que es importante en la vida, y que no tiene sentido seguir perdiéndolo en personas y actividades que no nos interesan, que son estúpidas. «Gran parte de nuestra vida la dilapidamos en este tipo de situaciones. En la medida que te das cuenta de que el tiempo fluye y además es irreversible, introduces seriedad en tu vida», argumenta.

El tiempo vital depende de muchos factores. En la primera parte del libro te he hablado de la salud. Sabemos que el estilo de vida que llevemos está relacionado con muchas patologías crónicas, enfermedades que pueden limitar nuestra esperanza de vida como las dolencias cardiovasculares, o malos hábitos como llevar una alimentación cargada de procesados y no practicar ejercicio físico. También sabemos que relacionarnos con los demás, cultivar vínculos sanos, es una vitamina para seguir adelante, y que vivir sin que el estrés marque nuestra cotidianidad nos beneficia. Pero, al final, siempre habrá un factor incontrolable y, por qué no, fruto del azar.

> A veces uno desearía vivir más, pero la muerte irrumpe como un tirano. O se lleva a la persona que más quieres. Y en ocasiones alguien está sufriendo una barbaridad y no muere, cuando la muerte sería una liberación. Para ella y para los que le rodean, porque la ven sufrir.

Él lo sabe de primera mano. Él perdió de forma inesperada a su hijo en un accidente de montaña. Tenía veintiséis años.

La reacción emocional más común que se genera frente a la muerte de un hijo en plena juventud es la cólera, la indignación, la rabia, es decir que no era el momento. Tenía planes, tenía proyectos, tenía una novia, tenía ilusiones. El proceso consistirá en llegar a asumirlo, aceptarlo y vivir una felicidad imperfecta. Porque la felicidad perfecta está fuera de nuestro horizonte.

Con Francesc compartí la avanzada enfermedad neurodegenerativa de mi padre, cuando él todavía estaba vivo. Hoy, mientras escribo estas líneas, ya no está conmigo. Sí su espíritu y su recuerdo. Pero lo que me explicó Francesc me ayudó porque junto a mi familia estábamos acompañándolo mientras veíamos la muerte de cara.

«Las muertes son distintas como las vidas, pero lo que nos resulta difícil es aceptar el proceso final. En el caso de acompañar a una persona, que es tu padre, aquí naturalmente también hay un desgarro. Pero puede haber un proceso de preparación», me contaba Francesc. Esta preparación podría consistir en generar el espacio para que la persona afectada comparta sus deseos y sus necesidades, y así acompañarla. Pero también es una realidad que hay procesos que implican mucho desgaste y sufrimiento, y cuyo desenlace, la muerte, puede resultar, en cierta medida, un alivio. «Siempre es preferible reconciliarse con los demás, con uno mismo, y cerrar el círculo».

Y ahora soy yo quien cierra el círculo de esta reflexión sobre la muerte. Porque quiero llevarte hacia lo positivo que es levantarse por las mañanas y comenzar un nuevo día. Francesc vive cada día como un regalo, como un don que le han otorgado.

¿Cómo lo ocupas tú?

A veces lo llenamos de actividades que, en realidad, nos ayudan a huir del vacío. Que nos preparan para la evasión. Eso pasa cuando invertimos nuestras fuerzas en hacer algo ajeno a nuestra vocación o a lo que realmente nos motiva. Yo encontré en la comunicación mi razón de ser. Nunca quise arrastrarme de lunes a viernes, esperando a que llegase el fin de semana como si fuese una liberación. Claro que todos merecemos un descanso y que hay épocas en las que el ritmo parece que no afloja. Pero seguro que ya sabes a qué me refiero. Si conoces tu Ikigai, si el propósito es tu motor diario y puedes llevarlo a cabo, no necesitamos huir de nuestra realidad. El tiempo es frágil, cada día es una oportunidad, también lo es cada momento. Así que, si estás aquí, leyendo estás páginas, al menos espero que la reflexión te haya servido para plantearte en qué empleas tu tiempo. Para que puedas detenerte, echar un vistazo a tu pasado, pensar en el futuro pero, sobre todo, aprovechar el presente con dirección. ¿Hasta cuándo? No lo sabemos. Pero sí sabemos que el hoy es lo que tenemos, tú y yo. Agradécelo. Y no te permitas malgastarlo.

NÚTRETE DE LOS GENIOS O EXPLORADORES DEL ALMA HUMANA

Hay genios en todas las disciplinas. En filosofía, hay genios que nos siguen inspirando. En el mundo griego, Platón. «Toda la filosofía occidental, decía Whitehead, son notas a pie de página de los diálogos de Platón», dice Francesc, que también recomienda a san Agustín.

> Tú lees sus *Confesiones,* que son del siglo IV, y dices: «Esto que le pasaba a este señor me pasa a mí también». Porque el genio capta el fondo del alma humana. O vas a Kafka, que es un genio de la literatura, y lees la *Metamorfosis,* o lees sus relatos, y dices: «Este hombre está describiendo lo que nos está pasando». Y murió en 1924, hace más de cien años.

Un genio siempre ilumina. «Y eso nos pasa en el arte. Tú escuchas a Bach o a Mozart y te transporta», añade. Aunque si por alguien tiene especial devoción es por el filósofo danés Søren Kierkegaard, padre del existencialismo y uno de los filósofos más influyentes del siglo XIX. Francesc lleva prácticamente treinta años escribiendo sobre él y lo considera una fuente de inspiración en muchos ámbitos. «Es un talismán. Y cuando regreso a sus textos siempre encuentro elementos nuevos, que es lo que pasa con los clásicos», confiesa.

18

Dedícale tiempo al silencio

Vivimos rodeados de ruido. Externo e interno. Privilegiados aquellos que dan con el secreto para encontrar la quietud. Pablo d'Ors es una de esas personas. La suerte que tenemos los demás es que él se dedica a divulgarlo. Y aquí viene la sorpresa: esas voces internas que a veces nos agobian también tienen una razón de ser. El objetivo no debería consistir en acallarlas sin más, sino en situarnos en el camino de hacerlo. Para él, deberíamos desmitificar el silencio y la quietud porque, con demasiada frecuencia, nos fijamos demasiado en la técnica para lograrlo, algo que, aunque importante, no es lo más crucial.

> No se trata de la perfección formal, sino de la pureza de corazón, que es muy distinto. Es como el arte. Tú puedes

> tener mucha técnica. Si eres escritor puedes hacer un texto impecable desde el punto de vista gramatical, sintáctico... Pero no transmitir vida. Y con la meditación puede ser igual. No es una cuestión puramente técnica, aunque la comporte.

Para Pablo, esencialmente esa quietud tiene que ver con nuestro corazón, «con nuestra capacidad de entrega», asegura.

La meditación es una práctica que puede resultar muy difícil, sobre todo porque vivimos rodeados de estímulos constantes y distracciones, y con la sensación de que todo debe ser para ya y para ahora porque vamos tarde. Esto contrasta con el estilo de vida que promulga Pablo d'Ors, una manera de habitar en el mundo con paz interior y de enfocar la vida con la necesidad de sentirse aquí y ahora desde la plenitud. Para él, el verdadero objetivo debería ser que fuésemos conscientes de la necesidad de cambiar nuestra visión de las cosas. Lo material se esfuma.

> Se trata de abrir los ojos, los oídos y el corazón para darse cuenta de que no hay nada que conseguir. Es decir, que realmente cuando te liberas de esa presión de conseguir algo, cuando te rindes, es cuando lo consigues. Hay que

golpearse muchas veces la cabeza contra la pared para darse cuenta de que realmente no tiene sentido seguir golpeándose la cabeza contra la pared. Eso por una parte. Y luego, por la otra, si cambias la idea, cambia la realidad.

Así que empeñarse puede llevarnos a la frustración y pensar en dicha frustración condiciona nuestra realidad. Porque esta se nutre de lo que nos pasa por la cabeza, por no decir que también podemos convertirnos en lo que pensamos y ser eso mismo.

Cada vez más personas buscan, como dice Pablo, una alternativa para vivir con mayor dignidad y con mayor profundidad. Él ha escrito sobre la globalización del despertar, refiriéndose así a que cada vez más personas están interesadas en el camino interior, ya sea desde las tradiciones religiosas, como es el caso de Pablo, o desde el agnosticismo, esa espiritualidad sin Dios.

La humanidad está subiendo el nivel de conciencia. Aunque nos parezca que hay muchísima violencia, hoy hay mucha menos violencia que en cualquier otro tiempo pasado de la historia y realmente hay mucho más respeto hacia los derechos humanos que en cualquier otro tiempo de la historia. Hay un mayor interés por la verdad, en el sentido más hermoso de la palabra, y por la paz.

Cuando ponemos la tele y vemos los informativos o cuando entramos en las redes sociales puede que tengamos una impresión distinta. Vemos y sentimos que el mundo está muy revuelto. Tal vez por eso seamos muchos a los que nos cautiva la espiritualidad, la necesidad de encontrarse en calma con uno mismo y de alejarse de tanta hostilidad. La siguiente sorpresa que me dio Pablo fue la manera en la que él concibe la realidad.

> Una de las cosas que te da el camino interior es comprender. El camino espiritual de lo que te saca es del juicio. De decir que las cosas son buenas o malas. La realidad es neutra. Somos nosotros los que ponemos los sentimientos. Por eso se trata de cambiar la mente, de que cambiemos la manera de pensar.

Además, una de las cosas que te da el camino interior es comprender que todo lo que tú crees que no tendría que haber sucedido, sí que tendría que haber sucedido.

Ese proceso de aprendizaje es algo que todos tenemos dentro. En algún momento nos olvidamos de volver a reconectar con ese espíritu, con esa energía interior. Porque a veces nos borramos a nosotros mismos. Inmersos en la vorágine, nos descuidamos. A mí también me ha pasado (y reconozco que, a veces, me sigue pasando).

El zen como descubrimiento

Tal y como cuenta Pablo d'Ors, la clave está en descubrir la esencia de las cosas, la sabiduría vital, y en hacerlo sin prisas, sin caer en la urgencia. Al haber tanta hiperconectividad, tanta conexión hacia el exterior, nos perdemos. Muchas personas pueden sentirse abrumadas por el exceso de información, algo que nos desvía de esa reconexión tan íntima.

> La sobrealimentación de recursos y de estímulos nos aturde y sobre todo dificulta la capacidad de atención. Y todo lo que tiene que ver con el espíritu, todo lo que tiene que ver con la interioridad, todo lo que tiene que ver con la sabiduría, necesita, por fuerza, un ritmo lento. Es decir, tú no puedes hablar de tus sentimientos, no puedes hablar de tu corazón, con rapidez.

A los cuarenta años, él entró en una crisis personal profunda. Era sacerdote, pero no había encontrado su lugar, y su obra literaria no acababa de despegar. Entonces empezó a leer libros sobre zen. Descubrió la figura de Carlos de Foucauld, un místico contemplativo y referente de la llamada *espiritualidad del desierto,* y aquello supuso una revelación para él. Viajó al desierto y practicó la meditación zen. También meditaba en casa, sentándose en silencio y transitando por el dolor físico y algunas resistencias mentales. Pasó por dificultades, y cuenta algunas de ellas en su *Biografía del silencio* (Galaxia Gutenberg, 2020). Pero Pablo recurrió a distintos maestros, aprendió y fundó la red de meditadores Amigos del desierto. De hecho, el silencio del lugar es un territorio común para todos ellos. Para él, nada une más que eso.

> El silencio te da algo más profundo que la afinidad intelectual o sentimental, y es la comunión espiritual. Es decir, si en vez de hablar estuviésemos en silencio tú y yo, meditando, al acabar nos sentiríamos más unidos. El silencio te da eso, porque no se mueve en el plano de las formas, como las palabras que intentan ir al fondo, pero son formas.

Y en el fondo todos somos iguales.

Enfocarte en el ser no es fácil, porque todo nos impulsa a lo contrario, a los sucedáneos del ser, que son el tener, el poder y el aparentar. ¿Por qué esta práctica es tan brutalmente transformadora? Porque lo que hacemos es quitarnos de en medio. El mundo sigue y tú no haces nada. «Es el poder de la inacción, de la inacción exterior, porque entonces hay posibilidad de acción interior. Luego vienen muchas más cosas», augura. En cuanto practiques la inacción de manera regular, te darás cuenta de que necesitas a alguien que te enseñe un poco más. Pero se puede empezar solo a meditar y a ahondar en el silencio. No hay excusas para no empezar. Quién sabe si no terminarás convirtiéndote en un buscador espiritual.

Las cinco claves para encontrar la quietud (y la realización personal)

Adopta una nueva postura. Basta con que empieces con veinticinco minutos diarios para cuidar tu interior. Y eso lo cambiará todo. En esencia, es sentarse. La única clave corporal fundamental es que la espalda esté erguida y que seas consciente de tu respiración poniendo la atención en un punto del cuerpo.

Limita el contenido negativo. Según Pablo, uno debe aprender a no ensuciar la mente. «Si metes basura, pues piensas en clave de basura». Hay contenidos en las redes sociales que pueden alimentarnos negativamente. Hay noticias que nos pueden aturdir. No se trata de vivir de espaldas a la realidad, sino de frenar ese contenido que puede resultarnos tan nocivo, como los enfrentamientos políticos.

Fíjate en ti, observa tu interior. Situarse en el paradigma de la interioridad es un acierto para vivir mejor. «En lugar de poner el foco permanentemente hacia fuera, como solemos hacer, volver ese foco hacia dentro», aconseja. Una herramienta es la meditación, la cual también te ayudará a centrarte y a que esto te lleve a trabajar sobre tus prioridades. «Si tú pones realmente el foco en eso, la vida te dará lo que tú pones. Cosechas lo que siembras y, si estás muy centrado, te pasarán cosas».

Ten conversaciones de verdad. ¿Cuándo fue la última vez que te sentaste cara a cara con tu pareja, con un familiar o con un amigo para charlar tranquilamente? ¿Eres de los que despacha rápido las conversaciones de contenido emocional? Las charlas de verdad implican tiempo, calma, disfrute. Son las que mejor sientan y las más prolíficas.

Tú te bastas. No necesitas a los demás, es decir, lo exterior no debe condicionarte lo más mínimo. No se trata de apelar al egoísmo, sino a la confianza. Para Pablo d'Ors, el fundamento sólido es uno mismo.

> Tú te bastas y te sobras para todo. Eso es lo que uno tiene que comprender, que el otro, por ejemplo, no es para que te complemente, como hemos mitificado en el amor romántico tantas

veces, sino que el otro es para compartir tu plenitud, pero no es que le necesites para ser pleno.

Que nada ni nadie te desplace de tu centro.

Escribe, que algo saldrá. Pablo quiso ser escritor desde que era un crío. Y el uso de la palabra escrita le ha servido no solo para expresarse, sino también para encontrarse. Aquí, aunque sea una ventaja, dominar la técnica no es algo esencial. Coger papel y boli y ponerse a desarrollar las ideas, los pensamientos, ayuda a canalizarlos. Escribir también es una herramienta de autoconocimiento.

19

Un maestro te enseñará más y mejor que la inteligencia artificial

¿Qué es la vida? Me atreví a formular esta gran pregunta al escritor, divulgador y periodista Javier Sierra, esperando con atención su respuesta. Y me la dio, aunque los dos supimos que dicho asunto seguiría generando debate en un futuro. Y lo que todavía nos queda.

> Los científicos no saben definir todavía lo que es la vida. Estamos viendo que la vida puede adquirir (o adaptarse a) múltiples características. Aunque probablemente no llegaremos a imaginárnosla nunca como realmente puede llegar a ser. ¿Qué hay antes de la vida? ¿Qué hay después de la vida? ¿Hay vida en otros mundos? Es un término misteriosísimo.

Habría sido brutal salir de aquel pódcast con una respuesta, pero casi disfruté más conversando sobre ciencia, historia y espiritualidad. Y aprendiendo lo mío.

Javier tiene una personalidad espiritual.

> Entiendo que hay que estar abierto a órdenes superiores y que el universo tiene su orden, aunque no lo comprendamos, pero creo que no es correcto imaginarse a una figura antropológica, antropomorfizada como un dios vigilando, castigando, juzgando a todo lo que se mueve. Sé que no sé lo que es Dios. Nadie ha logrado definirlo. Pero me parece que es una figura, un término fundamental en nuestra cultura.

Y luego añade que, ya sea a través de un único Dios o de varios dioses como en el Mundo Antiguo, históricamente se ha buscado la causa y el sentido de todo lo que nos pasa en esas entidades superiores. «El ser humano, en su instinto de supervivencia, necesita clasificar y separar las cosas, porque así cree que lo tiene dominado».

Y en esa búsqueda de respuestas, navegamos entre muchísimos datos, pero ¿sabemos extraer de ellos lo esencial? Tenemos a nuestro alcance más información que nunca, pero el problema es que no sabemos cribarla ni procesarla. Y ese es un aprendizaje del que tenemos constancia desde tiempos inmemoriales.

> Una de las cosas que nos enseñan las antiguas civilizaciones es que la transmisión del conocimiento debe hacerse de maestro a alumno. Este te va a enseñar muchísimo mejor que cualquier máquina o inteligencia artificial. Nada es tan eficaz en una enseñanza como el factor humano. Si hay un maestro que te enseña, que te tutela, que te corrige, que te toca el hombro, te va a enseñar muchísimo mejor que cualquier máquina, inteligencia artificial o libro. Y esa es una enseñanza de la antigüedad que hoy podríamos recuperar.

Esto puede resultarnos extraño ahora porque parece que la transmisión del conocimiento está en los tutoriales que encontramos en la red, pero para Javier no hay nada como el poder de la comunicación desde la empatía.

> Creo que Occidente se equivoca porque no le da suficiente categoría a la enseñanza, a los maestros, desde primaria. Un maestro en primaria, y entramos en otro terreno, pero un maestro en primaria puede determinar si la mente de su alumnado va a ser científica o humanista, o va a tener capacidad de gestionar conocimiento.

En sus libros, Javier Sierra habla mucho de una cultura ancestral, siendo esta la clave de todo. En una sociedad como la de ahora, hipertecnológica e hiperconectada, en la que vemos cómo la inteligencia artificial puede crear realidades perfectas o incluso mejores que la que podríamos crear nosotros, deberíamos acudir siempre a las fuentes primigenias. Leer, porque eso nos hace críticos y mejores. Pero también hay algo más.

> Yo utilizaría un lema latino con el que termino precisamente mi libro *El plan maestro*. Y es: *Nolite timere,* que significa no tengas miedo. Cuando aparece la escritura y se empieza a popularizar en tiempos de Sócrates, él estaba aterrorizado, decía que la escritura iba a ser el fin de la memoria. Si éramos capaces de poner nuestros pensamientos negro sobre blanco, ¿quién iba a querer memorizarse los catorce mil versos de la *Ilíada*? Lo veía como una catástrofe irreversible.

Javier reflexiona que, en realidad, es lo mismo que nos sucede hoy con la inteligencia artificial: nos da miedo porque desafía por completo el orden social, el funcionamiento al que estamos acostumbrados, pero no tiene sentido temerlo porque podemos utilizarlo para avanzar. «Este es un mensaje importante para dar en estos tiempos de tribulación, que no son de más tribulación que cualquier otro tiempo de la historia... Siempre ha habido miedos y el miedo paraliza», añade.

Encontrar tu voz, ese gran éxito

Una de las fórmulas del éxito es adquirir conocimiento y saber procesarlo. Javier sabe qué es el éxito profesional porque lo ha alcanzado como escritor.

> El éxito es una palabra que, como Dios o como la vida, no sabemos muy bien qué es. Es una etiqueta que nos viene por añadidura. Si buscas el éxito, si solo buscas la etiqueta... te quedas solo en la etiqueta. Lo que tienes que hacer es recorrer tu camino y encontrar, y esto sí que es importante, tu voz.

La inspiración, fijarse en quien más sabe, siempre es un buen recurso. Pero la solución nunca será hacer lo mismo y convertirse en una copia. Hay que buscar la autenticidad. Cuando Javier empezó a escribir, le fascinaba *El nombre de la rosa* (Lumen, 2015) de Umberto Eco. Ojalá algún día escribiese algo parecido, se decía.

Pero un día descubres que tú no eres Umberto Eco. Ni lo vas a ser nunca. Y es el día que descubres tu voz y estás a gusto con ella. No es una voz impostada, no es una voz de imitación, no es una voz dirigida por terceros, no es una voz hambrienta de una etiqueta que puede ser el éxito, la fama o el dinero. Cuando descubres que tú tienes tu voz y que pase lo que pase vas a seguir teniéndola.

Las musas nos pueden visitar, pero tienen que pillarnos trabajando duro, con disciplina, porque nada es gratuito. Y luego, con el primer éxito viene algo de lo que no se suele hablar: saber gestionarlo. «No solo te llega, sino que tienes que saber mantenerlo. Viene y va y se va a ir otra vez. Y tienes que seguir siendo tú», afirma. Porque seguimos teniendo nuestra misión. Nuestra identidad, nuestro propósito. Cada uno, su rumbo.

Alejarse del dogma para acercarse a la verdad

La existencia de vida no es una excepción del planeta Tierra. Así lo piensa Javier Sierra, apelando a la misma ciencia.

> Inmediatamente nos ponemos la venda desde el punto de vista científico y decimos, bien, puede que ahora podamos admitir

que la vida puede existir en todas partes, aunque no la hayamos encontrado con nuestros rudimentarios métodos de exploración, pero desde luego la vida inteligente es una excepción. Pues no. ¿Por qué vamos a pensar que la inteligencia, el desarrollo de vida inteligente, es algo privativo del planeta Tierra?

Para el escritor, decir que no hay vida extraterrestre o no hay vida inteligente extraterrestre es una visión dogmática.

El propósito de la ciencia es el conocimiento. Es una herramienta, no es un fin. La ciencia no puede determinar si una cosa es falsa o no. Puede decirlo hasta donde sabemos por nuestro conocimiento. Pero no puede pontificar de una manera taxativa. La ciencia tiene que ser humilde como nosotros, los humanos. Vivimos en un granito de arena en una playa inmensa.

20

El vacío existencial se cura sin romper con todo

En este capítulo voy a abrir el melón de algo que puede sucederte a ti —si es que no lo has experimentado ya—. Tal vez estés pasando por una crisis existencial. Llegas a cierta edad, reconsideras tu vida y te preguntas qué narices estás haciendo con ella. Respira, porque puede pasarte a los cuarenta, pero también a los treinta y cinco o a los cincuenta. En esto, la edad tampoco importa. El psicólogo Xavier Guix asegura que, en realidad, una crisis existencial no es otra cosa que tener asuntos sin resolver. Dicho llanamente. Puede que haya algo dentro de ti que te diga que ya no estás bien, que estás harto, que sientes que estás cansado con la vida que llevas y que lo tienes todo para estar bien, pero no logras estarlo. ¿Te suena?

Ese hartazgo puede afectar a un ámbito concreto o, por el contrario, ser algo generalizado.

Tu vida ha estado felizmente resuelta hasta que un día te miras al espejo diciéndote: «¡No! ¿Cuánto me queda? Todavía me restan treinta o cuarenta años por vivir. ¿Y el resto va a ser así?». Entonces, uno se da cuenta de que hay una insatisfacción indeterminada. No puede decir que el problema es la pareja, los hijos o el trabajo. Es que no lo puede definir claramente.

Es una sensación que poco a poco va calando hasta que dices: el problema soy yo. No obstante, esa es solo la primera parte de la ecuación, porque si tienes una crisis de insatisfacción, buscarás la manera de llenarla. Nuestra respuesta suele ser la de querer hacer cosas y, entonces, viene el afán. «Siento insatisfacción, tengo una crisis vital y la quiero resolver inmediatamente, con una cierta inmediatez, acudiendo a mi pasado no resuelto», señala como ejemplo el psicólogo. Y, entonces, pueden darse otros problemas.

Todo aquello que no habías hecho, ahora lo quieres hacer. Todo, a lo loco.

Las locuras que vienen a continuación pueden ser diversas.

Me compro un cochazo y voy a ligar más que nunca.

Me separo, porque ya no estamos tan bien y necesito sentir la llama del amor.

Es más, lo dejo todo, porque mis hijos ya han crecido y pueden apañárselas.

Dejo el trabajo, nunca me había gustado y me busco la vida.

¿Qué fue de mi primera novia? Va, sí, le envío un mensaje por Instagram.

Necesitas tapar ese agujero que te ha generado la crisis existencial. Tal y como explica Xavier Guix, hay que tener cuidado porque se pasa a una nueva etapa que también requerirá compromisos y renuncias. Ese sentimiento de frustración, de decir, «si es que yo quería ser pianista», «si es que yo quería estar con una mujer a la que amase», «si es que yo querría un trabajo que no es el que tengo», lo intentamos cubrir a través de la idealización.

A veces puedes replantearte tu vida debido a las circunstancias. A Xavier le afectó una crisis económica que hizo que reenfocase su día a día, haciendo una regresión a su juventud para recuperar aquellas ilusiones que tuvo entonces. Eso le hizo abrirse terreno en el campo de la psicología. Pero el vacío existencial del que hablamos en el pódcast es otra cosa.

Esta emoción no viene dada por ninguna circunstancia porque todo siempre es igual. Pero hay una insatisfacción que significa un vacío y ese vacío necesitas rellenarlo a través de proyecciones, cosas que te quedaron pendientes del pasado, creyendo que si las haces serás feliz. Y mucha gente lo intenta.

¿Realmente debían tomar ese camino tan radical?

Puede pasar que te enamores de una visión, de algo que de repente tenga todo el sentido para ti, mucho más que la vida que llevas, y que te lances a los brazos de ese nuevo descubrimiento. Luego, con el tiempo, te darás cuenta de que ese cambio también exige mucho trabajo, mucha disciplina, dejar muchas otras cosas. «Entonces la gente empieza a intentar hacer un poco de todo y no acaban viviendo nada concreto», dice. En los cursos que Xavier imparte siempre les comenta a sus alumnos que ante una situación así no dejen a sus parejas, ni sus trabajos, ni tampoco a su familia. En general, que no dejen nada, a no ser que uno tenga que separarse realmente o que dejar un trabajo por otras razones. Ahora bien, ¿no hay que hacer nada? ¿Nada de nada? ¿Hay que conformarse?

Sí, claro que hay cosas que hacer ante una crisis o un vacío existencial, pero con otro enfoque.

Suele funcionar así: primero, sientes un vacío y una insatisfacción, pero luego llegarán la idealización y la proyección. La clave está en lograr la integración sin protagonizar un terremoto vital.

Tal y como cuenta Xavier Guix, la integración significa que todo aquello que he sido y todo aquello que quiero ser deben poder unirse de forma que yo pueda realmente vivir tal y como quiero vivir sin romper con todo. Ese gesto de romper con todo «podrá ser necesario, quizás sí, porque, de lo contrario, no hay manera de salir de ahí. Pero la mayoría de las veces es suficiente con que digas: "No hace falta que deje el trabajo, pero quizás tengo que vivirlo desde otro lugar"», precisa Guix.

La solución es un cambio de enfoque, otra forma de mirar. Debemos poder integrar los diferentes aspectos que no hemos resuelto en nuestra vida de manera que convivan.

Como diría el gran maestro Carl Jung: uno no tiene que ser perfecto. Tiene que ser íntegro. E íntegro, en este sentido, significa no ser divisible, no dividirse, y, a la vez, ser singular, que yo pueda ser quien soy, pero con todos los aspectos integrados.

Pero eso no es todo, ni tampoco es tan fácil.

Sabemos que aquello que no hemos resuelto, aquello que ha quedado reprimido, será proyectado. Por lo tanto, no lo voy a ver en mí, pero lo voy a estar viendo siempre en los demás. Aquello que me irrita, que no soporto de los demás, de algún modo me señala aspectos míos no resueltos.

¿Qué más nos angustia? El tiempo y cómo lo contamos

La verdad es que escucharlo me rompió la cabeza, y cómo no. Hablamos de uno de los conceptos que más me obsesionan: el tiempo. Sabía que él podía darme muchas respuestas y que estas también podrían ayudar a los demás. Xavi me contó que, junto a una colega suya y compañera de consulta, Nuria Molina, se dedicó a investigar cuáles son los motivos actuales que originan la angustia en la mayoría de las personas. Más allá de la ansiedad, la depresión, dilemas morales o crisis de pareja, llegaron a la conclusión de que detrás de esas angustias vitales se encontraba el tiempo y nuestra manera de contarlo: el hecho de estar continuamente pensando que hay asuntos por resolver, sueños por cumplir, y que tenemos un tiempo determinado para hacerlo o que, según nuestros cálculos previos, no lo hemos logrado todavía.

> El tiempo pasa y cada vez me queda menos para vivir aquel sueño que quería. Aquella persona que había pensado que llegaría lejos en su trabajo, pero se ha quedado estancada. Y dice: «Me voy haciendo mayor y no he logrado el propósito que tenía». Contar el tiempo conlleva angustia.

Pero ¿sabemos vivir en el presente? ¿En el ahora? Siempre nos vamos al futuro, proyectamos, pero ¿y si no conseguimos lo que tanto deseábamos? Aunque, si nos vamos al pasado y revisamos esos deseos incumplidos, puede aparecer el sentimiento de culpa: «No tendría que haber hecho esto», «¿por qué no aproveché esa oportunidad?», «¿por qué dejé a esa persona?», «qué tonto fui», «¿por qué no trabajé más en ese momento?»...

Lo reconozco: yo converso mucho con el Uri del pasado y con el del futuro, pero me olvido del Uri del aquí y el ahora.

> Cada vez que me cuento el pasado, en realidad estoy haciendo un ejercicio de afirmación o de desconfirmación de

lo que estoy viviendo ahora. Además, lo hago siempre teniendo el futuro en perspectiva. Por lo tanto, aunque a ti no te lo parezca, tú estás viviendo todos los tiempos en el mismo momento. Todos los tiempos están en ti y estos existen en el ahora.

Tenemos tendencia a hacer diferentes cosas con el tiempo, como seccionarlo. Dividimos el día y la noche, dividimos las horas y las estaciones. Para Xavier Guix, tenemos la manía de categorizar, de distribuir y de organizar las cosas de esta manera. No porque sean así.

> Yo siempre digo, cuando tú estás en la naturaleza, ¿dónde está el principio y dónde está el final? Dime dónde acaba o dónde empieza algo. Es imposible. Está todo junto. Todo va pasando de una cosa a la otra y no hay una dimensión clara, a no ser que un humano haya puesto una zanja o una valla [...] Si cuento el tiempo, ¿cuál es el destino final? La muerte. Entonces, entre el ahora y la muerte, tengo que hacer todo lo que pueda.

La conversación fue a más. Y les confesé, a él y a la audiencia, algo que me sucedía entonces. Los últimos momentos de vida de mi padre me hacían pensar en el tiempo.

En el suyo y en el mío. En el que tenemos todos. Me arrepentía de muchas cosas y creía, y sigo creyendo, que él también se arrepentía de otras. Fue entonces cuando Xavier Guix me iluminó.

Me habló de una autora australiana, Bronnie Ware, que escribió un libro después de pasar unos cuantos años acompañando a personas en cuidados paliativos. Sus experiencias, contenidas en el libro *Los cinco mandamientos para tener una vida plena* (Debolsillo, 2013), también reflejan aquello de lo que se suele arrepentir la gente antes de morir. Xavier ha preguntado a sus pacientes de qué se arrepienten y la respuesta más común ha sido esta: «No haber sido uno mismo. No haber vivido la vida como he querido». Porque esto conlleva haber dedicado demasiado tiempo a los demás, no haber hecho las cosas que uno realmente deseaba, no haber expresado sus necesidades. «Para mí, arrepentimiento y remordimiento son las dos grandes ramas de la culpa», comenta Xavier.

Sus palabras me hicieron pensar. Mucho. Porque luego añadió algo determinante. Siempre, en esos momentos finales de la vida, deberíamos preguntarnos si nos pesa algo del pasado y si, mientras acompañamos a alguien, podemos ayudarle a sufragar ese peso. «¿Hay algo que te parece que no está resuelto? ¿Hay algo que podemos hacer? Resolverlo hará que esa persona se vaya tranquila. La paz se conquista cuando uno conquista su pasado», dice. Qué gran mensaje para un momento como aquel por el que estaba pasando.

¿Qué es lo que los demás esperan de mí?

Como Xavier, también creo que llevamos el sentimiento de culpa en nuestras venas. Que la nuestra es una cultura con una enorme influencia judeocristiana en la que la culpa tiene una enorme importancia. En Oriente, según me contó, lo peor es quedar mal ante los demás. Allí pesa la vergüenza y aquí somos del equipo de la culpa. Y, hablando de culpabilidad, abordamos otra idea: la gran culpa de no ser lo suficientemente bueno. Porque hay personas que lo hacen todo por los demás perjudicándose a sí mismas. Y lo hacen todo el tiempo por un motivo: el sentido del deber. Imagínate dedicarte a ello el día entero, convirtiéndote al final en el personaje secundario de tu propia vida.

Xavier explica que tendemos a hacernos muchas preguntas sobre qué es lo que los demás esperan de nosotros: las expectativas que se supone que tienen la sociedad, el trabajo, las personas con las que nos relacionamos... Y cumplirlas es lo que entendemos como sentido del deber, de tal modo que, cuando no lo hacemos, nos sentimos culpables.

> Muchas personas han organizado su vida a partir del sentido del deber. De hecho, no saben funcionar de otra manera. Si les quitas eso no saben qué tienen que ser, no saben qué les gusta, no saben qué quieren. Porque se han pasado la vida obedeciendo o haciendo lo que se esperaba de ellas.

El precio que pagan es muy alto, porque se borran. Se anulan.

Dejan de ser.

Hacerlo todo bien, no llevar la contraria, cumplir con lo que se espera de uno, esforzarse continuamente porque es lo que toca, no rechistar... No sé si a ti también te ha pasado. Puede que alguna vez hayamos dejado de ser nosotros mismos precisamente para que nos acepten o por cumplir con lo que se espera de nosotros. ¿Cómo se rompe con eso? Siguiendo lo que libremente hemos escogido: nuestros propios principios. «A eso los griegos le llamaban "hacer carácter". Una persona debe hacer carácter, gobernarse por sí misma y no por lo que los demás quieren. Si yo no soy el primero que se respeta a sí mismo, difícilmente me van a respetar los demás», aclara.

Qué difícil. La presión social, económica, familiar, laboral no te ayuda a la hora de poner encima de la mesa lo que uno es o lo que uno verdaderamente desea. Sabiendo que, si lo haces, decepcionarás a los demás. Pero… precisamente aquí reside nuestra liberación. ¿Cuándo nos liberamos de los demás? Cuando somos capaces de decepcionarlos. Pero, para él, aquí está la clave: si realmente te quieren tendrán que quererte como eres y no como esperan que seas o como les gustaría que fueses. La premisa es que si te olvidas de ti, dejas de ser tú.

En realidad, ser fiel a tus principios no significa tampoco ser egoísta, pasar de todo y no deberte nunca a los demás. Sencillamente, que el día que estés por los otros, que sea porque así lo has decidido. Porque la vida se debe basar en lo que tú decidas. Cuando aprendemos a funcionar comenzamos a apuntalar el tan necesario equilibrio vital. Una armonía entre ser uno mismo y serlo con los demás.

> Uno no está hecho solo de sí mismo. Al contrario, uno más bien está hecho de pedacitos de muchas cosas ajenas. Sus padres, las herencias, la cultura que ha recibido, las historias que ha vivido, los relatos que se ha encontrado, lo que está viviendo continuamente, y todo ello le está dando condiciones para que tome decisiones.

La esencia de tu verdadero propósito

Cuando Xavier habla del deber, me imagino también el propósito de cada uno, lo que realmente nos conecta con nuestra identidad. Cuando yo conecto con mi propósito, conecto también con mi niño pequeño, con ese Uri de pequeño. En cambio, para Xavier, esa idea del propósito es distinta, es como la respuesta a saber qué has venido a hacer a este mundo. Para él, el propósito se va desvelando.

> La gente se vuelve loca intentando resolver el problema del propósito. Tienes que encontrar tu Ikigai, aquello que te da fuerza de vida, que te ayuda a levantarte por las mañanas, que son los objetivos que vas consolidando. Pero luego está lo *otro*. ¿Qué tengo que resolver yo en esta vida? Y la vida te lo va a ir diciendo, te lo va a ir proponiendo. Y llegará un día que dirás: «Me parece que lo he visto». Entonces es cuando descubres el propósito.

Los obstáculos que la vida nos pone tienen sentido, porque debemos desarrollar facultades o habilidades para superarlos. ¿Por qué la vida nos pone esos retos y no otros? Probablemente ahí resida la esencia de tu propósito vital.

Y un último mensaje: si siempre esperas que la felicidad venga desde fuera, vas por mal camino. La felicidad viene de dentro. Esa plenitud está dentro de ti. Ser feliz es practicar el desapego. Aquello que te va a llevar a ser más feliz, a estar más en tu naturaleza, es desapegarte de todas las apariencias de lo que tú crees que es la felicidad. Tremendo.

Así que, en la práctica, revisa tus motivaciones. Hazlo a menudo porque todo se va transformando. Cambia tu cuerpo, cambian tus pensamientos, cambian tus relaciones, la vida va evolucionando, y ten en cuenta una máxima brutal: la esperanza no es esperar. La esperanza es saber que aquello que está contenido en ti se va a desarrollar.

21

Puedes ser feliz en el futuro si lo eres en el presente

Lo admito. Encontrar la quietud, ese momento contemplativo, me es muy difícil. Casi una misión imposible. Pero para Mario Alonso Puig, médico, investigador y autor de éxito, es cuestión de hábitos. No le dedicamos tiempo a la quietud porque no hemos caído todavía en la increíble importancia que tiene en nuestras vidas, comenta Mario. No nos damos cuenta de que es clave en el bienestar, en las relaciones, en la gestión del estrés y en la prosperidad. «Nuestra mente tan lógica y racional... tiende a pensar que esa quietud es un no hacer. Y si no haces nada, ¿cómo vas a obtener algo?», dice. Pero, en realidad, sí que obtenemos muchas cosas.

Como médico y estudioso de los mecanismos del estrés, Mario me comenta que cuando una persona entra en quietud mejora su sistema inmune y logra que los telómeros, los predictores de la longevidad, se alarguen. Y los beneficios son muchísimos más que estos.

> Esos momentos de silencio, de conexión con ese espacio que parece que está vacío y que, sin embargo, contiene un montón de posibilidades, mejoran la evolución de enfermedades como la esclerosis múltiple, e incluso enfermedades tumorales. Uri, cuando seamos conscientes de la importancia de la quietud verás cómo empezamos a cuidarla un poco más.

Mario no solo me convenció, sino que me dio pautas para alcanzar la quietud. Y una de ellas es lograr estar más atento al momento presente evitando que nos invadan ciertos pensamientos. Pienso en mis hijas cuando juegan y cómo esa actividad absorbe su atención.

> La quietud de la que hablamos no quiere decir no hacer cosas, quiere decir que tus hijas, Uri, en ese momento no están siendo bombardeadas por ese tren de pensamientos perturbadores que les hace salir de la experiencia de juego y entrar en esa rumiación mental, que es la que nos roba la quietud. También una persona puede estar en la naturaleza, con ruidos de pájaros, de ramas que se caen y de viento y, sin embargo, puede estar en inquietud.

Porque lo esencial es que no nos arrastre nuestro movimiento mental. Eso es la quietud.

Honestamente, he de decir que yo me llevo muy bien con el Uri del pasado, al pensar en todas las cosas geniales que he hecho, y también con el Uri del futuro, pensando en que voy a conseguir cosas increíbles. Y sobre el Uri del presente... Nos estamos conociendo. Para Mario, hay una pugna que se puede resolver fácilmente entre aquellos que dicen que «hay que estar siempre en el presente», y aquellos que dicen que «tampoco es bueno estar en el presente y no anticipar el futuro». ¿Dónde estaría el punto medio? Disfrutando de nuestro presente, siendo todo lo feliz que podamos y, a la vez, proyectando un futuro lleno de posibilidades. Porque proyectar nos impulsa a movernos, a trabajar para alcanzar aquello que deseamos.

Ya estás anticipando. «No, yo seré feliz cuando...». No, si tú no eres feliz ahora, no lo vas a ser cuando tengas aquel coche o cuando tengas aquella casa. ¿Crees que sí? Todos caemos en esta trampa. Tu objetivo es ser feliz, estar a gusto en tu piel con los demás y con el mundo ahora. Y también pensar que en el futuro puedes conseguir cosas que añadirán no solo felicidad para ti, sino también para los demás.

Anótalo: para ser feliz más adelante, es necesario que intentes ser feliz ahora. Ser feliz puede ser una gran meta, pero ya tenemos las condiciones para serlo ahora mismo. Nuestro éxito en el futuro es una evolución de nuestra felicidad en el presente. Podemos mirar hacia el futuro viéndonos hacer realidad nuestros sueños. Sin embargo, eso no debe evitar que disfrutemos del presente.

Para Mario Alonso Puig, debemos mirar nuestro pasado y lo que hicimos con gratitud, a pesar de los errores cometidos. Si lo hacemos desde la queja o desde el arrepentimiento, nos anclaremos en ello.

Obviamente afecta a nuestro estado mental en el presente porque estamos rechazando una parte nuestra a la que podríamos estarle agradecidos. ¿Fue perfecta? No hay una vida perfecta. ¿Fue lo suficientemente buena como para que hoy tengas una experiencia que no habrías tenido sin el Uri del pasado? Pues también. ¿Y al Uri del futuro le tienes que exigir ser el Uri perfecto? No. Sencillamente es un momento de tu evolución.

El pensamiento cambia realidades.

Le damos mucha importancia a la visión, pero no entendemos que para poder ver algo nuevo tenemos que mirar desde otro ángulo. Cuando uno cambia de perspectiva, entiende que mira desde otro ángulo y al mirar desde otro ángulo ve cosas diferentes. Y entonces, cuando tú ves cosas diferentes, todo es transformado.

No nos damos cuenta de que en el proceso de lograr nuestros objetivos es donde está el verdadero disfrute. Cuando yo sea feliz, cuando tenga éxito en la vida… Y al cabo de un tiempo de alcanzar algunas de las cosas que teóricamente nos prometían la felicidad, nos sentimos igual de vacíos. Entonces buscamos cosas más grandiosas para volver a sentirnos plenos. Y cuando lo conseguimos, volvemos a sentirnos vacíos. Es un bucle. «Estamos buscando en el lugar equivocado. Ser feliz es un descubrimiento, no es llegar a un sitio. Tú eres feliz cuando entras en contacto con tu realidad esencial. Lo que te define no es lo que tienes, lo que te define es lo que eres», remarca.

Cómo pasar del tener al Ser

Mario dijo muchas cosas, muchas de ellas reveladoras, aunque hubo una que lo fue especialmente y que seguro que te será muy útil saber: los vacíos del Ser no se rellenan con el tener. ¿De qué manera podemos llenar esos vacíos? ¿Cómo conectamos con ese Ser? A través del silencio, a través de la empatía, a través de la compasión y a través de la capacidad de perdón. Casi nada. Sí, son principios que se pueden describir, pero no son tan fáciles de interiorizar. Ahora bien, para pasar del tener al Ser, debemos poner en práctica el llamado desapego. Y para ello me puso de ejemplo. Sí, a mí me gustaría que el pódcast, que ha sido número uno en España, lo vieran y lo escuchasen todavía más personas. Para mí, ese éxito es importante. Ahora, si solo me centrase en los números, estaría equivocado. Lo fundamental, para mí, es el impacto positivo que *La fórmula del éxito* puede tener en la vida de aquellas personas que lo están viendo o escuchando.

> Querer tener éxito no es un problema. Todo el mundo quiere tener éxito, incluso los que dicen que no quieren tenerlo. Ahora, si lo único que importa es cuántos seguidores tengo, cuánta gente me da un *like,* ¿cuánto me ayuda esto a crecer? Nos olvidamos del elemento de contribución, de cuánto podemos estar ayudando a una persona que, de repente, a lo mejor hace clic y entiende lo que le está pasando.

Al Ser no le interesan el poder, la fama y la fortuna en absoluto, pero entiende que eso tiene valor para los seres humanos. En realidad, al Ser lo que le importa es crecer, evolucionar, mejorar, descubrir y contribuir. Y a mi Ser le interesa que el pódcast pueda ayudar a las personas, que cambie vidas para bien, que aporte valor y que divulgue aportando grandes cosas al día a día de la gente. Soy consciente de que eso marca la diferencia. Y a mí me hace feliz.

Para Mario, lo importante es la huella que dejas. Y la huella, afirma convencido, queda marcada en el corazón. En una ocasión, personas que habían alcanzado un gran éxito a nivel empresarial le preguntaron cómo podían conseguir dejar su legado a los hijos. Eso era lo que les preocupaba. Y su respuesta fue esta:

> Seguro que vuestro legado tiene valor y tiene importancia. Ahora, en vuestro caso, me enfocaría más en la huella que dejo en sus corazones. Porque si esa huella es una huella de bondad, de sentido, de ilusión, de propósito, de contribución, no solo habréis dejado el mejor legado en sus corazones, sino que además ellos contribuirán a que ese legado también ayude a otras personas.

La huella es tan poderosa que la marca va más allá de lo aparente. Yo tengo la suerte de poder estar haciendo este pódcast, totalmente alineado con mi propósito, con mis ganas de evolucionar, de transmitir, de poder sentarme con personas interesantísimas y que pueda verlo muchísima gente. Pero también tengo miedo de perderlo. Porque, para mí, el miedo no solo te incapacita, sino que es como una especie de alerta que te avisa de que lo que has logrado también lo puedes perder.

Compartirlo con Mario me hizo verlo de otra manera.

> El apego es cuando uno cree que, si deja de tener esto, ya no es nada. Es identificar quién eres con lo que tienes. Es lógico que tengamos todos el deseo de mejorar, de que las cosas nos vayan bien y tener éxito. El tema es cuando consideramos que sin ese «éxito» no somos nada. Y eso es lo que tenemos que evitar.

Para revertir eso, una estrategia es plantearse que lo has perdido todo y ver qué podrías hacer viviendo con poco. Hay muchas cosas que podrías seguir haciendo. Es necesario reducir el nivel de hipoteca que uno tiene respecto a las posesiones o los éxitos que ha tenido. Porque al final todo es un tema de perspectiva.

El barco no se ve, pero sigue navegando

Me resultó inevitable hablar con Mario Alonso Puig y no preguntarle por algo que tiene que ver con el ejercicio de la medicina, pero también con la espiritualidad: alargar nuestra vida al máximo y vivirla con calidad, incluso, cuando se llega al final. Para él, la medicina también trabaja en evitar el sufrimiento una vez llegado ese momento. Ahora bien:

> La muerte es el final de la forma, pero no es el final del fondo. Cuando la ola llega a la orilla, la ola desaparece, ya no tiene forma, murió la forma, pero no desaparece el fondo, el agua de mar, el océano sigue estando presente.

Y, además, utiliza una metáfora esperanzadora para aquellas personas que han perdido a un ser querido:

> Es como un barco que tú ves que se va alejando. Llega un momento en el que el barco ya no lo ves. Dices: «El barco ya no está». Sí, el barco ya no está al alcance de tu vista. Sin embargo, el barco sigue navegando y, de hecho, por aguas mucho más tranquilas.

En cualquier caso, la gran recomendación pasa por el presente. «Por eso escribí *Vivir es un asunto urgente,* porque estamos muy preocupados por qué pasará cuando nos muramos y estamos muy poco ocupados en cómo vivir plenamente en el aquí y el ahora», remarca.

22

Hablar, compartir y crear vínculos

Hasta hace poco creía que los trastornos relacionados con la salud mental eran como una nueva pandemia. Hasta que tuve la oportunidad de sentarme a hablar con el psiquiatra y psicoterapeuta José Luis Marín. Le dio la vuelta a lo que creía al plantear un nuevo debate —y un nuevo aprendizaje para mí.

> Más que una pandemia de trastornos, estamos ante una pandemia de diagnósticos. Y debemos tener un poco de cuidado. Porque el riesgo que corremos es que psiquiatricemos demasiado el malestar. No todo eso es psiquiatrizable, no todo eso son enfermedades mentales. A veces ponemos etiquetas de diagnósticos psiquiátricos simplemente a reacciones que son completamente sanas ante

una situación contextual disparatada, injusta, amenazante.

Eso me hizo pensar en que las palabras, como nuestras creencias, crean realidades. Podemos estar tristes, rabiosos, enfadados o tener miedo, sin pensar que estamos ante un trastorno.

En determinados contextos de una vida, de la tuya o de otras muchas personas, estar triste mucho tiempo incluso estar bastante triste, rabioso, asustado, puede ser una reacción completamente normal. Ponerle a eso una etiqueta psiquiátrica tiene sus riesgos.

En el pódcast, José Luis Marín cuenta que un diagnóstico psiquiátrico no es necesariamente una enfermedad, sino que puede ser un intento adaptativo, que puede ser grave, incluso trágico, pero sin dejar de ser eso, una adaptación.

Cuando yo empecé a estudiar psiquiatría, la depresión, a finales de los años setenta, prácticamente no existía. Sin embargo, ahora el paciente viene ya diagnosticado, tengo ansiedad, tengo depresión, ya está. Básicamente esos son

> los dos grandes hitos. Y cuando le pregunto: «¿Desde cuándo estás así?». Me dice: «Hace mucho tiempo. Yo siempre he estado así, yo siempre he sido así, yo siempre he sido nervioso, siempre he sido triste...». Así que la pregunta es: «¿Qué te ha ocurrido ahora?» [...] Si yo me he caído por la escalera y se me ha roto la pierna, tengo la tibia rota, el motivo de consulta es el problema. Pero en psiquiatría, no. ¿Tu ansiedad no es un problema? Es un problema, pero no es *el* problema. Ese es el matiz.

Y el origen del problema puede ser biográfico, es más, que surgiera antes incluso de nuestro nacimiento.

> Nuestra historia comienza el día en el que nuestros padres se conocen. Ahí comienza nuestra historia, la tuya, la mía, la de todos tus seguidores. Nuestros padres ya empiezan a hablar de nosotros, a pensarnos, a imaginarnos, va a haber una unión genética, naturalmente, entre los dos, que a su vez tienen toda una carga de generaciones anteriores. Y luego hay un embarazo, durante el embarazo además ocurren muchas cosas también, y luego naces. Con tu historia, si tú tienes treinta años de vida, tu historia tiene treinta y uno, o treinta años y nueve meses.

Tenemos un libro de instrucciones muy extenso, pero este se va actualizando con el tiempo. Y en ese libro pueden aparecer traumas de mayor grado, debido a experiencias de lo más diversas que causan un impacto en la persona. ¿Cómo lidiar con estas vivencias?

«Lo primero que tenemos que hacer con las experiencias traumáticas es hablar de ellas. Llevo cuarenta y tantos años como médico, como psiquiatra, como psicoterapeuta y hablamos sobre traumas desde hace diez o doce años», asegura. Que te recomienden pasar página, superarlo u olvidarlo no solo no es eficaz, sino que implica nuevos problemas. Implica reforzar el trauma, ya que se está descalificando su experiencia. Marín comenta que hay muchas técnicas posibles y que se puede trabajar desde muchos frentes, pero que el paso fundamental para superarlo es contarlo, compartirlo. Y va mucho más allá.

Esta necesidad de no colaborar, el *American way of life*, este modelo de vida americano en el que lo individual prima sobre cualquier otra consideración es exactamente lo contrario. La vía es la cooperación, la capacidad de compartir y de ayudarnos.

Para el doctor, el mayor aprendizaje que podemos sacar del pódcast que compartimos es poner más énfasis en la comunicación, en la interacción, en hablar. Porque ese es el remedio más efectivo para desgranar el sufrimiento de una experiencia traumática: lo que hace que se enquiste y siga doliendo es, precisamente, no hablarlo. «No necesitamos más diagnósticos, necesitamos más vínculos», remarca. Al final, esa experiencia traumática se podrá convertir en una cicatriz que, sí, te acompañará el resto de tu vida porque el pasado no se puede cambiar. Pero sí el presente. «Todos mis pacientes llegan a mi consulta con su película a medias. La primera parte de la película no se puede cambiar, pero lo que sí podemos es modificar el guion. Y hay películas que pueden tener dos o tres finales», concluye.

Lo que pasa por tu mente, pasa por tu cuerpo. Y viceversa

Este especialista defiende la llamada psicología integrativa porque no podemos disociar lo que estamos pensando, lo que estamos experimentando en nuestro cerebro, de lo que estamos viviendo en nuestro cuerpo. Por eso, para él, siempre es conveniente no separar lo mental del resto de las funciones corporales. Es una división que se hizo en algún momento de la organización de los saberes para profundizar en ellos y se hizo sin mala intención.

> Descartes tuvo algo que ver en esto, pero de repente nos encontramos con que el ser humano está fraccionado en lo cerebral, lo mental, lo psicológico y lo corporal. No hay nada, absolutamente nada de lo cerebral que no afecte a lo corporal, pero también te lo digo al contrario. Nada de lo corporal deja de afectar a lo cerebral.

Siendo estudiante de Medicina, a José Luis ya le interesó esa visión psicosomática de la salud, precisamente porque veía al ser humano en su totalidad y en su contexto. Cuando me lo contó, lo comprendí perfectamente y me sentí identificado. Porque me hizo pensar en mi dolor de espalda y en cómo mi neurocirujana lo afrontó, interesándose por otros aspectos de mi vida. Y yo no dejaré nunca de estarle agradecido.

23

Acercarse a la física es vivir la espiritualidad

Javier Santaolalla es el mayor divulgador de ciencia en habla hispana. Arrasa. Físico de partículas e ingeniero en telecomunicaciones, Javi encontró en la física una fuente profunda de espiritualidad, de reflexión, para intentar entender mejor qué es vivir y también quiénes somos. Qué sentido tiene todo. Qué sentido tenemos nosotros mismos. Porque, lejos de lo que puede parecer, la física entronca con la filosofía. Tenerlo en el pódcast fue la bomba y me acercó, todavía más, a cuestiones que pueden parecernos complicadas de entender. Seamos honestos, la física no es una materia vista popularmente como algo fácil, pero con Javi todo resulta más sencillo e infinitamente más interesante. Como su forma de comunicar. Para mí, el gran éxito de Javi, que dejó atrás su faceta de investigador para convertirse en divulgador, es haber conectado con un público tan amplio, al que consigue transmitirle conocimientos aparentemente complicados de una manera atractiva, cercana y comprensible. Escucharlo te despierta la curiosidad como si fueras un crío.

Habrá personas que pensarán que el espacio y tratar de saber más sobre él es algo que se les escapa, que les es ajeno. Sobre todo, teniendo en cuenta que hay infinidad de preguntas que podemos hacernos sobre la propia Tierra. Pero fijarnos en el espacio tiene mucha relevancia. Estudiarlo es estudiar nuestro propio ciclo vital, nuestro origen y nuestro desarrollo. «Y es entender quiénes somos. Cuando uno empieza a profundizar en la ley del universo y empieza a ver un poquito mejor cómo funciona todo, no puedes quitarte el asombro de encima y te devuelve la pregunta: "¿Qué hacemos aquí?"», reflexiona.

La gran pregunta de la historia de la humanidad. ¿Verdad?

No obstante, aunque la física intenta responder a todo lo que ocurre en el universo, no tiene respuestas para todo.

> Hay dos cosas que hacen que el universo sea difícil de explicar desde la física. Una es que solo hay uno. La física se basa en clasificar, comparar y establecer criterios en torno a

> cosas que suceden para poder de alguna forma parametrizarlas y ordenarlas. Si solo hay un universo, ya hay un límite. Primero, hay un entorno físico que ya está limitado de por sí y, luego, no podemos experimentar con algo de lo que formamos parte, que es el segundo problema, la subjetividad. Somos nosotros los experimentadores y el experimento.

Sí, hay límites frente a lo ilimitado: solo podemos observar y entender una parte pequeña del universo. Pero eso no es algo que frene a los científicos, más bien al contrario. Son perseverantes. Lo llevan de fábrica.

Todo el mundo tiene su primera toma de contacto con esta disciplina en el colegio, justamente, para resolver un problema. Pero para Javier la física resuelve misterios porque engloban algo mucho más grande.

Para Javier, el misterio, la incógnita, es lo que salva la vida del aburrimiento y la hace entretenida. «Qué bonito es que, en particular, el ser humano sea tan complejo, tan variable, tan indescriptible, tan totalmente insospechado. Creo que, sin duda, es lo más bonito que hay en la existencia, el propio misterio», confiesa. Así que ese afán por desentrañar enigmas y sentirse atraídos por ellos es algo que va en el ADN científico. Y la física sería la herramienta más útil que tenemos para entender la realidad y todo aquello que nos sucede: con ella, encontramos las leyes que explican el funcionamiento del mundo.

> Nada puede ir en contra de la naturaleza porque todo es natural, todo está dentro del cosmos. Todas nuestras leyes tienen necesariamente que estar acorde con el universo, si están bien hechas. Si una ley no escribe algo del universo, no es culpa del universo, es culpa de la ley. El universo lo crea todo. Nosotros lo que intentamos es replicarlo, entenderlo, describirlo. Pero somos esclavos de la naturaleza.

Mirar el universo para comprender al ser humano

Su forma de entender la vida y descubrir el mundo es que, mirando hacia fuera, podemos descubrir qué hay en nuestro interior.

> Entender qué lugar ocupamos en el universo, entender cómo surge todo, entender qué partes hay y cómo se conectan está relacionado con nosotros. El mayor problema del ser humano es entender el universo, ya que forma parte de él. Así que estudiar el universo es estudiarnos a no-

sotros mismos. Hay una frase de Carl Sagan que decía: «Somos la forma que tiene el universo de entenderse a sí mismo». Somos como un mecanismo que tiene el universo de encontrar conciencia para explicar por qué existe el universo. Es superloco. Hay mucha conexión entre la física y la filosofía.

Y es que todo lo que somos surgió de una estrella. Así que estudiarlas, insiste, es estudiar nuestra propia vida y nuestra propia muerte, nos permite comprendernos, nuestra naturaleza: «No puedes entender qué es el ser humano si dejas lo que hay allá afuera fuera de la ecuación».

Con los años, Javier se ha vuelto más reflexivo, más conectado con el mundo, más indagador. Y también su pasión por la ciencia se ha contagiado de esa reflexión. «Con diecisiete o dieciocho años tenía más curiosidad por un entorno mundano y ahora me estoy poniendo más curioso por la existencia, por la realidad, por los estados emocionales y en ese sentido creo que la mayor pregunta que hay es "¿qué hacemos aquí?"», dice. Y esa pregunta sigue siendo una de las más comentadas en *La fórmula del éxito*. Da igual el perfil del entrevistado, su especialidad, en qué es bueno o cuál es su pasión. A casi todos les ha interesado responder o darle vueltas a esa pregunta de raíz existencial: «¿A qué he venido yo aquí?», «¿Qué voy a hacer aquí?».

Después de escuchar a tanta gente podría tener la respuesta. Pero ya te digo que no es así. Y me consuela que Javi tampoco la tenga todavía, francamente. Porque, en vista de su reflexión, espero y deseo que tarde muchísimo en tenerla.

> Todo el mundo quiere saber por qué existe. Para mí la física ha sido una superherramienta de espiritualidad. Y si la usas como ese mecanismo para entender tu existencia, a la gente le va a interesar. Quiero saber qué hago aquí, pero creo que solo voy a tener respuesta cuando muera [...] Como científico, tengo la curiosidad... Y como persona no creyente, no tengo la respuesta. Seguramente yo me muera con una sonrisa diciendo: «Al fin». Por fin voy a saber qué carajo es esto. Sí, voy a responder a la gran pregunta, que es la gran pregunta de la historia, de las humanidades, de todas las civilizaciones. No ha habido un ser humano consciente que no se haya preguntado qué hace aquí.

Para él, la vida es una excepción y la muerte es el equilibrio con el universo. «Desde el punto de vista de la física, alargar la vida es luchar contra el universo de alguna manera. Esto nos hace también ver la vida de otra forma», afirma. Escuchar y ver a este científico nos demuestra que el cliché es eso, un cliché. Con su trabajo, ya alejado de la investigación, nos enseña cómo funciona la ciencia desde dentro, evitando cualquier barrera.

> Parece que si no eres un genio loco que está en su casa todo el día encerrado entre frascos y haciendo experimentos, la ciencia no es para ti. Y no es eso. La ciencia es cuestionarse las cosas, ser curioso, buscar, preguntarse... Y eso les ocurre a todas las personas.

Currárselo, tener suerte y aprovecharla

Javi pasó una temporada en el CERN, la Disneylandia de la ciencia, como él dice. Oficialmente, la Organización Europea para la Investigación Nuclear. Es el laboratorio de investigación más grande del mundo, orientado sobre todo al estudio de los componentes fundamentales de la materia. Este laboratorio internacional se fundó en 1954 en Ginebra (Suiza). Unos doce mil científicos de todo el mundo acuden al CERN para investigar, con el fin de construir modelos de cooperación internacional que sumen conocimientos sobre el universo, preparando, ejecutando, analizando e interpretando datos de complejos experimentos científicos. Y en 2012, gracias al potente acelerador de partículas del CERN, el mayor del mundo, se descubrió el bosón de Higgs. Y Javi fue parte de ese descubrimiento.

Lo dice con orgullo y felicidad. Se lo curró, estudiando diez años como un loco, soñando con ello y viendo cómo se cumplía. Se considera un afortunado. Trabajó en un equipo de tres mil personas, en el que todos cooperaban, cada uno con una tarea específica, dando lo mejor de sí. «Imagínate un equipo de tres mil, cada uno con su pequeña responsabilidad. Unos más, otros menos, pero dentro de ese puzle todos encajábamos», recuerda. Menuda locura. «Cada uno de su padre, de su madre, de su país, de su historia, su religión, su ideología, lo que sea, pero todos se ponen en contacto y trabajan coordinados para hacer cosas tan espectaculares como esa», dice.

> Cumplí con mi cuota de trabajo, funcionó bien y participé. Tuve suerte porque es un experimento que llevaba veinte años haciéndose, desarrollándose. Yo llegué cuando se puso en marcha y me fui cuando se descubrió el bosón. De cada cien mil científicos solo hay uno que tiene la suerte de parti-

cipar en un descubrimiento de éxito mundial. Pues me tocó a mí.

En sus conferencias, Javi compara el trabajo de un físico de partículas con el de un paleontólogo que está creando el Parque Jurásico. Sus dinosaurios son partículas extintas en el Big Bang y las recrean haciendo chocar otras partículas. Dicho así suena todavía mejor. La física nos permite desgranar el funcionamiento del mundo. Y no solo nos ayuda a comprender: también nos da las herramientas para emprender nuevos caminos que nos lleven a un mayor bienestar, a una vida mejor para todos, e incluso puede enriquecernos espiritualmente.

Dedicarte a tu pasión sin perder el mundo de vista

No obstante, su vida es mucho más rica que solo pensar en la física. «Me gusta mucho bailar. Me gusta mucho el tenis. Salgo a correr todos los días. Toco el piano. Entonces, desmitifico eso. De hecho, de mi grupo de amigos ninguno es científico, y las conversaciones que tenemos en la mesa son todo menos físicas», comenta. Lo suyo no es un bucle dedicado a la física, aunque le encante la ciencia y seguir buscando respuestas a todo lo que le interesa.

> Leo mucho sobre neurociencia, me gusta muchísimo y entiendo cómo opera la mente en diferentes registros, en diferentes planos emocionales, cómo la mente de diferentes personas puede procesar la misma información de formas tan diferentes. Esto me genera una curiosidad brutal.

La investigación la dejó atrás hace una década y ahora disfruta dedicándose a la divulgación, acercando la física a todos los públicos, dando conferencias, alimentando las redes.

> Me gusta demasiado lo que hago. Y yo de verdad creo que tengo el trabajo perfecto. No solo porque me gusta mucho, sino porque creo que tengo las habilidades. Es como si todo se hubiera puesto en su lugar. Tengo ese perfil obsesivo de estudiar, o sea, no paro de estudiar, lo cual me da mucha información y muchas posibilidades, pero a la vez tengo mi lado un poco más loquito. Me gusta hacer cosas y soy una persona muy observadora.

Para él, cosa que comparto cien por cien, no todos tenemos las mismas habilidades para todos los trabajos. Aunque haya que currárselo, aprender, mejorar, hay que encontrar nuestro Ikigai. Javier Santaolalla ha logrado explotarlo y que sea la razón de su día a día. «Creo que no puedo tener un trabajo donde yo me muestre más al cien por cien y donde puedo darlo todo más que con el trabajo que tengo», dice. De él podemos sacar muchos aprendizajes, pero este, esencial para una vida con propósito, es uno de los más destacados: alinear lo que te gusta y lo que sabes hacer mejor con tu proyecto vital y laboral. Sin embargo, eso implica hacer muchos equilibrios, también emocionales, ya que hay momentos en los que esa dedicación pasa factura.

> Después de darte cuenta de cómo funciona la vida, empiezas a relativizar, a ubicar cosas. He ido a terapia también y me ha ayudado mucho a intentar establecer ciertas prioridades y equilibrios: tiempo familiar, tiempo de deporte, tiempo con amigos... y al final te das cuenta de que las obsesiones te llevan también a pozos, o sea, yo he caído en la ansiedad por culpa de ese tipo de obsesiones.

Gracias al pódcast, he tenido la oportunidad de conversar con mucha gente que tiene éxito como Javi y muchos de ellos tienen un punto obsesivo. Porque, a veces, se persevera tanto que se pierde la perspectiva de que en la vida hay más cosas, de que tienes un entorno, de que no estás solo tú con tu pasión. Dedicarte a muerte a algo te hace renunciar, pero también hay quien ha necesitado apoyo psicológico para sufragarlo todo. Está bien aprender y conocer, deberte a tu vocación, aunque sin perder de vista la necesidad de un equilibrio emocional. Mientras tanto, Javi seguirá mirando las estrellas.

Por qué el terraplanismo triunfa en el siglo XXI

Ni la Tierra es plana ni el sol te alimenta. Vale, sé que lo sabías. Pero cuidado porque a pesar de que la ciencia lo demuestre, sigue habiendo gente que cuestiona los grandes descubrimientos de la ciencia.

> Me he leído varios libros de psicología para entender ese fenómeno. He visto varios documentales superinteresantes. Espero que los psicólogos no me quieran matar por cómo lo voy a explicar, pero somos máquinas de procesar información a partir de nuestra subjetividad.

Aun así, aunque se trate de sesgos de confirmación, de que a veces nos gobierna más la parte emocional que la racional y de que la sociedad esté tan polarizada, sorprende ese cuestionamiento.

El terraplanista usa solo la información que le valida su propia creencia. Y somos máquinas de conformar creencias. Estamos todo el tiempo buscando la manera de que nuestras creencias se mantengan y se fortalezcan. Entonces elegimos información que siempre vaya a nuestro favor, obviamos la que nos hace enfrentarnos a nuestra identidad, y eso es lo que hace que alguien crea en estas cosas.

Epílogo

Y ahora que llegas al final, quiero decirte algo que casi nadie dice: no has terminado nada. En realidad, acabas de empezar. Porque los libros no sirven para entender la vida, sirven para decidir qué vas a hacer con ella.

Si algo que has leído aquí te ha tocado, no lo conviertas en una frase bonita. Conviértelo en una acción pequeña. Un hábito. Una conversación que llevas tiempo evitando. Una decisión que sabes que tienes que tomar.

No necesitas hacerlo perfecto. Solo necesitas hacerlo.

La fórmula del éxito no es una teoría. Es una práctica diaria. Es levantarte cuando no te apetece, cuidar tu cuerpo aunque nadie te vea, apostar por tus ideas cuando aún no son rentables. Es elegir a las personas correctas incluso cuando eso cuesta.

Ojalá este libro no te haya dado respuestas, sino coraje. El coraje de vivir una vida que se parezca a lo que llevas dentro, no a lo que otros esperan de ti.

Si algún día dudas, vuelve aquí. No para leer, sino para recordar quién decidiste ser cuando estabas tranquilo.

Nos veremos en el camino.

Agradecimientos

Este libro no nace del talento, nace de la perseverancia. De sentarme a hacer lo que tenía que hacer cuando no tenía ganas, de grabar cunado estaba cansado, de seguir cuando parecía que nadie estaba mirando, de cumplir cuando habría sido más fácil abandonar. Nace de ese músculo invisible que casi nadie celebra: el compromiso. El compromiso con una idea, con una visión, con una promesa que me hice a mí mismo de no dejar *La fórmula del éxito* a medio camino.

Quiero agradecer profundamente a mi equipo, a las personas que convirtieron una locura en un proyecto real, a quienes lo editaron, produjeron, corrigieron, organizaron, empujaron y sostuvieron cuando yo dudaba. Este proyecto es grande porque vosotros no os rendisteis cuando aún era pequeño.

Gracias a cada persona que le dio al *play,* a cada suscriptor, a cada mensaje, a cada historia compartida. No es una audiencia, es una comunidad de gente que decidió creer en algo que todavía se estaba construyendo. Vosotros sois la razón por la que este libro existe.

Gracias a mi familia, por sostenerme cuando el foco estaba fuera, por entender mis ausencias, por recordarme quién soy cuando el ruido se hace demasiado grande. Nada de lo que persigo tendría sentido sin vosotros.

Y gracias a la vida, con sus subidas y sus golpes, por obligarme a crecer, por ponerme límites, por romperme algunas veces, por enseñarme que el éxito no es llegar, sino no rendirse. Si este libro tiene algo de verdad, no es solo mía: es de todos los que caminaron conmigo.

#LFDE

Cada capítulo lo he desarrollado a partir de conversaciones que he mantenido en mi pódcast, *La fórmula del éxito,* de las que se extraen todas las citas correspondientes. A continuación, te dejo la referencia de los episodios, por si quieres consultarlos y ampliar la información. Te animo a escuchar la voz de los grandes expertos que han trazado el camino a lo largo de estas páginas.

Introducción a los tres pilares de tu vida

Sabat, U. (22 de octubre de 2018). RICHARD BRANSON: «ahora mismo me cambiaba por ti» | URI SABAT [Vídeo]. YouTube. https://www.youtube.com/watch?v=-59OOd5oRJI.

Sabat, U. (19 de julio de 2025). Doctor en Filosofía: la verdad detrás de la felicidad, lo que nadie te dice (Francesc Torralba) #LFDE [Episodio de pódcast]. La Fórmula Del Éxito con Uri Sabat. https://open.spotify.com/episode/60u5oiXwa14jnDq9Krurkp.

1. Muévete si quieres vivir más años (y mejor)

Sabat, U. (22 de junio de 2025). 4 hábitos para vivir 120 años: el fin del envejecimiento y la longevidad extrema [Episodio de pódcast]. La Fórmula Del Éxito con Uri Sabat. https://open.spotify.com/episode/6XBdOmFIGKLqHqcoi7t9kf.

2. Si coges el atajo, el atajo te va a matar

Sabat, U. (24 de julio de 2025). Experto en musculación natural: el secreto para ganar músculo y vivir más (Roberto Amorosi) #LFDE [Episodio de pódcast]. La Fórmula Del Éxito con Uri Sabat. https://open.spotify.com/episode/7KSLQ2ufouKofxhDkeIpSs.

3. Distingue el hambre emocional, porque comerás en exceso y mal

Sabat, U. (19 de febrero de 2024). La Dra. de la comida: 5 errores que todos cometemos al comer #LFDE [Episodio de pódcast]. La Fórmula Del Éxito con Uri Sabat. https://open.spotify.com/episode/1eHL8XABASeog0Ww0bHdkq.

4. No te conformes con soportar el dolor

Sabat, U. (12 de marzo de 2025). Neurocirujana #1: El cerebro humano como nunca te lo han explicado (Mireia Illueca)

#LFDE [Episodio de pódcast]. La Fórmula Del Éxito con Uri Sabat. https://open.spotify.com/episode/0QxRmErBKZ0uRALvNUZsqS.

5. Respira bien para vivir mejor

Sabat, U. (16 de abril de 2025). Esto cambió mi vida… y era solo respirar diferente | Soltowanda #LFDE [Episodio de pódcast]. La Fórmula Del Éxito con Uri Sabat. https://www.youtube.com/watch?v=U0RgnS2IFuE.

6. Puedes tener carisma si trabajas para lograrlo

Sabat, U. (10 de diciembre de 2023). Cómo aumentar tu carisma al instante y ser irresistible (Fer Miralles) #LFDE. La Fórmula Del Éxito con Uri Sabat. https://open.spotify.com/episode/2SsYK1irGTboG5FOt6664g.

Sabat, U. (20 de noviembre de 2024). El secreto para ser escuchado siempre (Fer Miralles) #LFDE. La Fórmula Del Éxito con Uri Sabat. https://open.spotify.com/episode/0MZuMPI1lJOHyyDFjPq5H0.

7. Olvídate de la multitarea y afina el tiro

Sabat, U. (16 de diciembre de 2024). Cómo cambiar tus hábitos y tomar el control de tu vida (Mago More) #LFDE [Episodio de pódcast]. La Fórmula Del Éxito con Uri Sabat. https://open.spotify.com/episode/7515wOvTcE0J3bqUH2037j.

8. Sé fuerte para ser sincero

Sabat, U. (20 de abril de 2025). La experta en comunicación #1: ¡Este error te hace parecer inseguro al instante! (Teresa Baró) [Episodio de pódcast]. La Fórmula Del Éxito con Uri Sabat. https://open.spotify.com/episode/1QH3a8hIMhLshi8PdARCUD.

9. Escucha activamente si quieres cambiar tu vida

Sabat, U. (30 de marzo de 2025). Experto en negociación: la fórmula secreta para ser carismático al instante (Juanma Pincho) #LFDE [Episodio de pódcast]. La Fórmula Del Éxito con Uri Sabat. https://open.spotify.com/episode/3BEs5EQKnbELMWRS1BAuyW.

10. Emprender pasa por ser auténtico

Sabat, U. (13 de junio de 2024). Romuald Fons: los influencers están acabados - LFDE [Episodio de pódcast]. La Fórmula Del Éxito con Uri Sabat. https://open.spotify.com/episode/0PBBo1QZqNUDp96R6gTH35.

11. El algoritmo es tu amigo, aprovéchalo

Sabat, U. (25 de marzo de 2025). Exempleado de TikTok: la estrategia real para crecer en redes sociales en 2025 (Guille Collado) [Episodio de pódcast]. La Fórmula Del Éxito con Uri Sabat. https://open.spotify.com/episode/1WBXqOnp899xB1oMqVLGrI.

12. Podemos dominar nuestro cerebro y transformarlo para una vida plena

Sabat, U. (29 de octubre de 2025). Neurocientífico #1: cómo dominar tu cerebro y transformarlo para una vida plena [Episodio de pódcast]. La Fórmula Del Éxito con Uri Sabat. https://open.spotify.com/episode/5U236SbD3fGEVCPEJexldh.

13. Fortalece tu autoestima sin olvidar todos los eslabones

Sabat, U. (15 de junio de 2025). Experta en sexo: la crisis de pareja que está destruyendo tu vida sexual (Silvia Olmedo) #LFDE [Episodio de pódcast]. La Fórmula Del Éxito con Uri Sabat. https://open.spotify.com/episode/3eRuoyMwY0ukOmuWLtEr1z.

14. La buena suerte no se busca, se cultiva

Sabat, U. (5 de noviembre de 2025). Los 5 conceptos para cambiar tu vida desde hoy (Álex Rovira) #LFDE [Episodio de pódcast]. La Fórmula Del Éxito con Uri Sabat. https://open.spotify.com/episode/0C9LephPIDVGO87OKVwprZ.

15. Persigue tu propósito en la vida

Sabat, U. (6 de octubre de 2024). Ikigai: filosofía japonesa ancestral para descubrir tu propósito vital (Francesc Miralles) #LFDE [Episodio de pódcast]. La Fórmula Del Éxito con Uri Sabat. https://open.spotify.com/episode/7rDlTdX95slVOst4jFXncm.

16. Visualiza en positivo y sin urgencias porque llegará

Sabat, U. (15 de mayo de 2025). 4 pasos para cambiar tu vida desde hoy: la clave para atraer abundancia (Jorge Muñoz) #LFDE [Episodio de pódcast]. La Fórmula Del Éxito con Uri Sabat. https://open.spotify.com/episode/3z99erEfSkXtavilrTOcRZ.

17. Encuentra la inspiración en los grandes sabios

Sabat, U. (19 de julio de 2025). Doctor en filosofía: la verdad detrás de la felicidad, lo que nadie te dice (Francesc Torralba)

#LFDE [Episodio de pódcast]. La Fórmula Del Éxito con Uri Sabat. https://open.spotify.com/episode/60u5oiXwa14jnDq9Krurkp.

18. Dedícale tiempo al silencio

Sabat, U. (22 de febrero de 2024). Haz esto cada mañana para encontrar tu propósito y ser feliz (Pablo d'Ors) #LFDE [Episodio de pódcast]. La Fórmula Del Éxito con Uri Sabat. https://open.spotify.com/episode/2Pl1qEgpLQWiKNtghgiqnp.

19. Un maestro te enseñará más y mejor que la inteligencia artificial

Sabat, U. (11 de mayo de 2025). Hay señales de un nuevo orden y nadie lo está viendo (Javier Sierra) #LFDE [Episodio de pódcast]. La Fórmula Del Éxito con Uri Sabat. https://open.spotify.com/episode/3DuAcFVug8UmPaZRHRO21L.

20. El vacío existencial se cura sin romper con todo

Sabat, U. (31 de agosto de 2025). 5 claves del psicólogo #1: el vacío existencial se cura así (Xavier Guix) #LFDE [Episodio de pódcast]. La Fórmula Del Éxito con Uri Sabat. https://open.spotify.com/episode/0ENP2VsB5iMg6NcQj4AWin.

21. Puedes ser feliz en el futuro si lo eres en el presente

Sabat, U. (2 de noviembre de 2025). Dr. Mario Alonso Puig: deja de perseguir el éxito y comienza a descubrir tu felicidad [Episodio de pódcast]. La Fórmula Del Éxito con Uri Sabat. https://open.spotify.com/episode/7xXLc2eG8byTdQdyzO4Igk.

22. Hablar, compartir y crear vínculos

Sabat, U. (9 de noviembre de 2025). Psiquiatra #1: cómo entender tu sufrimiento. Supera la depresión y la ansiedad - LFDE [Episodio de pódcast]. La Fórmula Del Éxito con Uri Sabat. https://open.spotify.com/episode/436YTF2FLB4LjYhzJ4iooK.

23. Acercarse a la física es vivir la espiritualidad

Sabat, U. (12 de agosto de 2024). Javi Santaolalla: la existencia de Dios, el origen del universo y la muerte #LFDE [Episodio de pódcast]. La Fórmula Del Éxito con Uri Sabat. https://open.spotify.com/episode/2U1VCJg2uqZrTB2fFXRYb6.